스러져간 백제의 함성

한국사 최초의 국권회복운동 '백제부흥운동'

최병식 · 노중국 · 심정보 · 양기석 · 김주성 · 권오영 · 김기섭 · 임영진 · 정재윤

스러져간 백제의 함성

한국사 최초의 국권회복운동 '백제부흥운동'

최병식 · 노중국 · 심정보 · 양기석 · 김주성 · 권오영 · 김기섭 · 임영진 · 정재윤

주류성

들어가면서

　고구려나 신라에 맞서 삼국의 패권을 다투던 백제가 660년 7월 신라와 당 연합군의 대대적인 공격을 받아 제대로 대응하지 못한 채 일시에 궤멸되어 멸망하였다. 이에 따라 당나라 소정방은 항복한 의자왕을 비롯하여 왕족과 신료, 그리고 백성 1만 2천여 명을 포로로 끌고 귀환하였으며, 당은 왕도 사비도성과 북방의 웅진성을 중심으로 웅진도독부를 설치하여 백제의 옛땅을 지배하려 하였다. 그런데 백제가 멸망한 지 얼마 안 되어 각처에서 무너진 백제를 다시 세우려는 부흥운동이 일어났다. 백제 부흥운동은 주류성과 임존성을 주요 거점으로 하여 신라와 당 연합군에 대한 무력투쟁의 양상으로 전개되었다. 백제 부흥운동은 대략 3년 7개월 동안 스러져간 백제의 국권 회복의 기치를 내세우며 진행되었다. 이 부흥운동은 좌평 정무

등이 660년 8월부터 백제 유민들을 규합하여 시작한 이래 664년 3월 사비산성의 전투에서의 패배를 끝으로 마무리되었다.

그렇지만 백제 부흥운동은 한국고대사상 처음으로 일어난 국권회복운동의 성격을 지녔다. 이전에도 여러 정치체들이 멸망하였지만 백제처럼 멸망한 국가를 다시 일으켜 세우기 위하여 전국적인 규모로 조직적이고 장기적인 부흥운동을 전개한 나라는 없었다. 그리고 단순한 무력투쟁에서 벗어나 국가 체제를 갖추고 다양한 외교방법을 통해 국권회복운동을 전개한 점도 역시 주목할 만하다. 대외적으로 볼 때 동아시아의 모든 국가가 참여한 국제전쟁이었으며, 그 성패는 이후 동아시아 국가들의 운명을 바꿔 놓았다.

백제 부흥운동사 연구는 1910년대 이후 津田左右吉, 大原利武, 今西龍, 池內宏 등 일제강점기 일본학자들에 의해 먼저 시작되었다. 그들의 관심과 연구영역은 어디까지나 한국사 자체보다도 일본사의 시각에서 왜가 백제 부흥운동에 대규모로 출병한 백강구(백촌강) 전투를 이해하는 데 있었다. 이에 따라 왜가 출병한 곳인 백강과 주류성 및 부흥운동과 관련한 지명들에 대한 구체적인 위치를 밝혀내려는 역사지리적 연구가 중심을 이루게 되었다. 1950년대 이후부터는 왜에 질자로 체류하고 있던 왕자 풍과 관련한 백제 부흥운동 연구로 확대되었다. 이러한 연구는 학문의 객관성이 담보된 것으로 볼 수 없는 태생적인 한계를 가진 것이었다.

한편 우리나라 학계에서 백제 부흥운동에 관한 연구가 시작된 것은 1970년대 후반부터이다. 일본학자들의 연구를 비판 수용하는 바탕 위에서 전영래, 노도양, 심정보 등에 의해 연구가 진행되었지만 여전히 지명 고증의 범주를 벗어나지 못했다는 한계가 있다. 이에 대한 본격적인 연구는 1980년대 이후부터이다. 관련 연구자가 증가하면서 여러 방면에 걸쳐 많은 연구 성과가 축적되기에 이르렀다. 우선 단순한 지명 고증 방법 이외에 축적된 중부지역 성곽에 대한 고고학적 성과를 원용하여 백제 부흥운동의 주요 거점에 대한 논거 보강작업이 시도되었다. 또한 1990년대 중국에서 우리 학계에 소개된 흑치상지와 그의 아들 흑치준 부자 묘지명 등 당에 끌려간 백제 유민들이 남긴 금석문 자료를 활용하여 백제 부흥운동사 연구를 보다 실증적으로 객관화할 수 있게 되었다. 다음으로 백제의 시각에서 백제 부흥운동을 단순한 봉기가 아닌 국가체제 차원으로 이해하여 부흥군의 관등조직이나 군사 편제 등을 규명하려는 보다 진전된 연구도 나타났다.

이처럼 백제 부흥운동사 연구는 현재 관련 사료의 엄밀한 비판과 고증, 그리고 고고학 연구 성과나 백제 유민들이 남긴 금석문 자료 등을 폭넓게 활용하면서 백제의 시각에서 보다 실증적이고 객관화한 연구가 진척되었다. 이로써 종래 일본학자들이 주로 추구했던 지명 고증에 의한 역사지리적인 연구 방법에서 벗어날 수 있게 되었다. 그렇지만 백제 부흥운동을 둘러싸고 아직도 규명해야 할 과제들이 적지않이 남아있음은 물론이다. 그 하나가 백제 부흥운동의 주요 거점인 주류성이나 백강구의 위치 비정에 대한 문제일 것이다. 주류성의 위치 여하에 따라 백강구 위치도 달라지는데 현재 한산설과 부안설 이외에 홍성설, 연기설 등 여러 견해들이 제기되고 있다. 지금까지 관련 기록에 대해 연구자마다 상이한 해석이 제기되어왔고, 관련 지자체의 이해관계에 따라 주류성의 위치가 결정되는 등 객관성의 확보에 장해 요인이 뒤따랐다. 다음으로 백제 부흥운동의 성격을 단순한 부흥운동으로 봐야 하는지 아니면 정규 국가체제 차원으로 이해할 것인지의 문제도 앞으로 정립해야 할 과제이다. 다음으로 부흥운동의 전개 시기를 663년 3월까지로 보느냐 아니면 672년 신라의 소부리주 설치까지로 보느냐의 문제도 있다. 여기에는 웅진도독부에 있던 백제계 관료들에 의한 활동을 과연 부흥운동의 일환으로 이해할 수 있겠는가에 대한 검토가 이루어져야 할 것이다. 그밖에 왜가 출병하게 된 동기와 배경, 그리고 왜군의 병력수와 구성 등에 대해서도 보다 심층적인 연구가 필요하다. 아울러 백제 부흥운동에 직간접적으로 참여한 신라, 당, 왜, 고구려 등 동아시아 각국의 입장을 유기적으로 파악하는 연구도 요구된다.

이 책은 백제사에 대한 교양서이자 전문서 역할을 할 것으로 기대된다. 지금까지 백제 부흥운동에 대한 전문서는 몇 가지 책이 출간되었지만 일반 사람들이 백제 부흥운동의 역사를 쉽게 이해할 수 있도록 길잡이가 되는 교양서는 아직 출간되지 않았다. 요즈음은 우리나라 역사에 대해 교양 수준을 넘어 보다 심층적으로 알고자 하는 지적 요구가 점증하고 있다. 따라서 이 책은 그동안 백제사를 연구해 온 전문학자들이 백제 부흥운동의 실상을 일반 사람들에게 어떻게 이해시킬 것인가, 그리고 어떻게 비판적으로 인식할 수 있는 소양을 길러줄 것인가에 대한 고민을 담아 엮은 것이다.

이 책의 내용은 이미 알려져 있는 백제 부흥운동의 전개과정에 대한 부분은 제외하고 이 방면의 논쟁거리 중 주류성과 백강의 위치 문제를 비롯하여 부흥운동의 중심 인물인 부여풍과 부여융, 그리고 임존성을 중심으로 부흥운동을 전개하다가 당에 항복한 흑치상지의 파란만장한 활동상 등을 심층적으로 다루었다. 다만 관련 기록이 부족한 까닭으로 인해 현재 학계에서 첨예하게 논쟁 중인 사안에 대해서는 필자들 간의 심도있는 토론과 개별 주제에 대한 의견 일치를 도출하지 못한 부분도 있다. 따라서 지명 비정이나 인물 및 사건의 전개 과정 등에 관한 서술에 있어서 필자 간에 다소 다른 입장도 제시될 수 있었음을 양해해 주기 바란다. 특히 이 책에서 주목되는 새로운 시도로는 백제 부흥운동과 관련한 일본과 중국의 최근 고고학적 연구 성과가 폭넓게 반영되었다는 점과 백제 멸망 후 일본이나 중국에 이주한 백제 유민들의 진취적인 활동상을 서술했다는 점 등을 들 수 있다. 아울러 백제 부흥운동과 관련있는 국내의 전적지를 실제 답사하여 일목요연하게 정리한 부분은 향후 전적지 답사를 통한 역사 의식 함양에 크게 기여할 것으로 기대된다.

끝으로 이 책이 나오기까지 연구와 함께 원고를 맡아주신 집필자들, 아울러 좋은 책 출간을 위해 수고를 아끼지 않으신 출판사 관계자들 모두에게 감사의 뜻을 전한다. 특히 책 출간을 위해 물심양면의 지원을 아끼지 않으신 주류성출판사 최병식 회장님께 깊은 감사 말씀을 올린다. 최 회장님은 이미 백제 부흥운동을 주제로 하여 박사학위를 영득한 이래 백제사 전문가로서 그동안 백제사 연구에 깊은 관심과 지원을 아끼지 않았다. 이번에 고희를 맞은 최 회장님의 수복(壽福)과 학덕을 기원하는 뜻에서 이 책을 출간하게 되었음을 진심으로 축하하는 바이다.

2020년 11월
집필자 대표   양 기 석

목차

백제 부흥군 주요 전적지 답사기

산성은 의구한데
인걸은 간데 없네

최 병 식

강남문화재단 이사장

백제는 18만에 이르는 나당연합군의 공격을 막아내지 못하고 사비성이 포위된 뒤 불과 일주일도 되지 않아 항복을 하게 된다. 이처럼 나당연합군의 공격은 수도를 직접 공략하여 저항을 무력화시키려는 전략을 취하였다. 당은 백제를 멸망시키자 5도독부를 설치하고, 토착세력가를 우대하여 그들의 점령 정책에 협력하는 세력으로 만들고자 하였다. 그러나 그 기대는 여지없이 깨졌다.

관망하던 이들이 나당연합군의 살육과 약탈이 자행되자 점차 나라 잃은 설움을 자각하고, 서서히 부흥운동의 깃발아래 모이기 시작한 것이다. 백제부흥운동의 처음은 임존성을 중심으로 시작되었다. 흑치상지가 임존성으로 들어가 부흥운동을 시작하자 삽시간에 3만여 명의 백제유민들이 모여들었고, 이어서 여러 곳에서 거병한 부흥군들이 200여개의 백제지역 성들을 장악한다. 백제유민들의 자발적이고 열정적인 참여는 빠른 시간에 큰 성과를 보였다. 이것이 백제부흥운동을 이끌었던 원동력으로 이어질 수 있었던 것이다.

또한 백제부흥운동이 대규모로 신속하게 진행된 또 다른 이유에는 5방성 및 그 휘하의 건재한 산성들에 주둔하고 있던 기존 정규군을 중심으로 거병에 합류한 유민들이 많았기 때문이다. 백제부흥운동이 백제 전역의 산성을 근거지로 활활 타오르기 시작한 것이다. 이제부터 백제 부흥의 깃발을 꽂고 치열한 격전장이었던 백제 산성을 찾아 백제부흥 역사의 흔적을 더듬어보려 한다. 편의상 지역 별로 구분하여 찾아가 보기로 하자

백제 부흥군 주요 전적지

운주산성
비암사
임존성
장곡산성
두릉윤성
우술성
계족산성
대전
내사지성
부여 왕흥사잠성
진현성
부여 석성산성
가림성
건지산성
매화산성
거열산성
우금산성

부여권역의 부흥운동 산성

부흥운동의 시작점, 부여 석성산성

　　　　　　부흥운동이 가장 먼저 시작된 곳은 사비, 지금의 부여지역이다. 유민들이 사비를 탈출하여 8월 초부터 사비 인근의 구릉지대에 목책을 세우고 다른 유민들을 구출하기 시작하였다. 이들이 목책을 세워 나당군에 처음 대항한 곳은 사비 남령으로, 지금의 부여 석성산성이다. 석성산성에서 유민들이 거병하자 왕흥사잠성과 임천의 가림성 등 인근 20여 성이 호응하여 거병했다고 한다. 석성산성의 거병은 사비도성에서 가장 가까운 곳에서 맨 처음 시작된 유민구출 및 부흥운동이라는 점에서 의미가 있다.

　석성산성의 남쪽 산을 파진산(破陣山)이라 부르는데, 금강을 따라 들어오던 소정방의 당나라 군단이 석성산성의 백제군 때문에 멈춰 이곳에 진을 쳤다고 하여 붙여진 이름이라고 한다. 산성 입구에는 새겨진 글자가 흐릿하게 닳아버린 표지석이 서있고, 발굴조사 현황판만 덩그러니 세워져있다. 마을에서 보기에는 그다지 높지 않은 산이어서 조망이 궁금했는데 역시 성벽을 따라 살펴보니 어디서나 조망이 좋다. 사비도성의 외성을 방어하는 성으로서의 기능을 충실히 수행하다가 도성을 빼앗기자 사비도성을 수복하기 위한 백제부흥운동의 전초기지가 되었던 성이다.

석성산성 입구에 발굴조사 후 쌓아 놓은 성돌(2015, 백제고도문화재단)

석성산성 수호 백제 무명용사 충혼비

스러져간 백제의 함성

태종 무열왕의 공격에 무너진 왕흥사잠성

신라군은 660년 11월 태종 무열왕의 지휘 하에 금강을 건너 왕흥사 잠성 공격을 단행하였다. 금강 이북에서 벌어지고 있는 부흥운동군의 본격적인 제압이 시작된 것이다. 왕흥사 잠성은 지금의 왕흥사지 북쪽 해발 120m의 산정상에 있는 울성산성으로 알려져 있다.

왕흥사지는 부소산성 바로 건너편에 위치한다. 신라군에게 상당한 심리적 압박감을 가했을 것이다. 신라는 금강 이북으로 진출하기 위해서는 잠성을 꼭 함락시켜야 하는 긴박한 상황이었기에 태종 무열왕이 직접 공격에 나선다. 무열왕이 이끈 신라군은 강을 건너 사흘간의 전투 끝에 잠성을 함락하고 7백 명의 부흥군을 참수한다. 무열왕이 대승을 이룬 것이다. 이후 신라로 돌아가 전투에 참여했던 인물들을 치하한 것으로 미루어 신라군은 잠성의 함락으로 소기의 목적을 달성했던 것으로 짐작된다.

현재 지형이나 여건을 보면 대규모 병력이 맞부딪쳐 치열한 전투를 치를만한 전장이었을까 하는 궁금증이 든다. 하지만 도성을 마주보고 있는 최전선으로 상당한 방어시설이나 진지를 갖추고 신라군의 공격을 막아냈을 것으로는 추정이 가능하다. 신라의 입장에서는 왕이 직접 출전한 상황이기에 총력전으로 승리를 끌어내야 했고, 백제 역시 부흥운동의 뜻을 쉽게 꺾이지 않으려는 처절함으로 신라군의 칼날을 받아내야만 했을 것이다.

삶의 터전이었던 도성을 바라보며, 무열왕의 서릿발 같은 칼날에 목숨을 내놓은 부흥군들의 마지막 심정은 어땠을까. 1,300여 년 전 백제사람들의 기막힌 죽음을 목격한 강물은 소리도 없이 조용히 흘러가고, 햇살은 고

발굴조사를 마치고 복토한 왕흥사지 뒤로 보이는 울성산

부여 왕흥사지 출토 사리기

스러져간 백제의 함성

요한 물결에 반짝일 뿐, 바람도 숨죽인 강변은 적막하다. 현재 울성산성은 전언에 의해 산 정상 부근에 성의 흔적이 남았다고 부여군지에 소개되고 있지만 실제로는 찾을 길도 없고, 지역 주민들도 아는 사람이 없다.

천 오백년의 시간을 이어주는 곳, 가림성

가림성에는 이제 막 사랑을 싹틔우는 연인들에게 주목받는 느티나무가 있다. 일명 '사랑나무'로 불리고 있는 나무다. 이곳은 '연인들의 성지'로 유명세를 떨치면서 매년 많은 남녀들이 방문한다. 사랑에 빠진 남녀는 둘의 사랑이 더욱더 견고해지기를 바라며 '사랑나무'를 꼭 안아보는 중요한 의식을 치른 후 산을 내려간다. 가림성의 역사를 되짚어보면 너무도 딱 들어맞는 콘텐츠를 개발한 듯싶다.

가림성은 해발 250m, 둘레는 1,500m, 성벽의 높이는 3~4m에 이르는 테뫼식 산성이다. 성벽 일부는 화강암으로 쌓았지만 동쪽 일부는 토축하였다. 사면이 모두 경사가 급해 접근하기 어려운 천혜의 성이다. 이에 백제부흥운동 당시 당나라 장군 유인궤는 난공불락의 요새임을 지적하여 가림성 공격을 주저하여 지나쳤다니 얼마나 견고한지 가히 짐작이 간다. 이곳에 성이 위치한 것은 사비도성으로부터 남쪽으로 직선거리로 10km 거리밖에 떨어지지 않으며, 금강 하류일대와 현재의 금강하구언까지 관측할 수 있는 지정학적 요인과 관련이 있다. 즉 수륙의 요충지로 금강의 흐름과 사비도성을 동시에 관망할 수 있는 장소이기 때문이다.

가림성 입구인 남문지에서는 복원된 성벽의 웅장한 모습을 볼 수 있다.

가림성의 마스코트가 된 사랑나무

남문지 양옆으로 복원된 성벽. 좌측으로 옛 성벽이 그대로 남아있다

스러져간 백제의 함성

기단 쪽으로 3~4단은 원래 석재를 사용하고, 그 위로는 새로운 석재를 쌓아서 색이 구별되지만 높이와 너비 등 규모에서 느껴지는 웅장함이 있다. 전쟁에 통달한 명장 유인궤가 굳이 가림성 전투를 피하려고 한 이유를 산성에 올라보면 쉽게 짐작할 수 있다.

사비의 외곽, 서천·청양·논산 지역의 산성

주류성으로 주장되는 서천 건지산성

서천군 한산면의 건지산성은 예전 중학교 교과서에 주류성으로 실려 있었다. 현재 건지산성 정상 표지판에도 주류성이라고 기재되어 있지만, 최근에는 부안 위금암성이 부상되면서 밀려나는 양상이다. 최근 발굴에서 백제시대 산성이 확인되지 않아 삼국시대 산성으로 보기 어렵다는 말이 있고, 지형이 험하지 않고 주위에 평탄지가 많아 주류성으로 보기에는 의문이 든다. 그러나 백제부흥운동 당시 성으로 운용했을 가능성은 상당하다.

건지산성은 해발 150m의 건지산 정상을 중심으로 둘레 1,300m 규모의 성이다. 건지산의 정상부근을 에워싼 말안장 모양의 테뫼식 내성과 그 서북쪽 경사면을 둘러싼 포곡식 외성의 2중 구조로 되어있다. 비교적 큰 규모의 산성으로, 내성은 흙으로 쌓았고 외성은 돌과 흙을 함께 사용하여 쌓았다. 봉서사 입구 주차장에 차를 세우고 서문지로 여겨지는 입구로 들

신라군에 대항하던 백제부흥운동의 주요한 거점이었던 주류성(周留城)이라고 알려져 있다.

건지산성 정상 안내판의 주류성 관련 기사

어가 건지산 정상 쪽으로 올라간다. 봉서사 서쪽 건물터로 보이는 계단 모양의 평지에서 불에 탄 쌀과 백제 토기조각이 출토되었다고 한다.

건지산 정상에 오르면 북쪽과 동쪽으로 조망이 빼어나다. 금강 하류 교통의 요지를 지키면서 사비도성의 외곽방위선을 담당했을 것이다. 백제부흥운동 당시에는 사비도성을 위협하는 몇몇 성들과 연계하여 금강하류지역의 거점으로 활약했다고 보인다. 한산은 금강과 가깝게 있어 왜국과 교류하기가 쉽고 부여와 공주가 멀지 않아 작전을 수행하는 데는 어려움이 없어 보인다.

건지산성 외벽을 따라 올라가면 건지산 정상이 나온다.

덕안성(德安城)으로 추정되는 매화산성

백제 부흥운동은 663년 2월 급격히 쇠퇴하였다. 남방의 여러 성들이 함락되면서 백제 때 동방이었던 중요한 거점인 덕안성이 함락당했기 때문이다. 충남 논산시 연무읍 소룡리 매화산에는 마야산고성으로 불린 매화산성이 자리 잡고 있다. 이 매화산성을 백제시대 덕안성으로 비정하고 있다.

매화산성은 해발 355m 매화산 정상을 중심으로 축조된 석축산성으로 둘레는 1,550m이며 산성의 모양이 사모형(紗帽形)이라고 기록되어 있다. 잔존 성벽이나 흔적이 주로 남쪽 소룡리 쪽으로 산재한다. 우둔저수지 방

매화산 정상부에는 군데군데 석축 성벽들이 보인다.

면에서 오르면 산길을 따라 급격하게 경사가 가팔라지면서 능선이 이어진
다. 이 능선을 따라 군데군데 그다지 높지는 않은 천연암벽이 보이고 그 암
벽에 덧대어 할석을 쌓은 흔적들이 보인다. 이러한 성벽의 양상은 정상부
능선이 나타날 때까지 계속 이어져 나타난다. 경사나 능선의 형태가 산 밑
부분부터 쉽게 접근할만한 곳은 아니다.

초입의 능선을 따라 한참을 올라가니 매화산과 정토산을 이어주는 등
산로가 나타난다. 이 능선을 따라 매화산 정상 부분으로 이동한다. 정상부
에는 성터봉이라는 봉우리 지명이 남아 있고, 동네 주민들은 이 지역을 왕

궁터라고 부르기도 했다는데 현재는 건물터의 흔적을 찾아보기 어렵다. 동쪽 방향인 삼전리 쪽으로 자연 절벽을 따라 할석과 흙을 쌓아 만든 성벽들이 꽤 많이 남아 있다. 그러나 이 성벽들을 백제시대 것이라 보기는 어려움이 있다. 남아 있는 성벽의 아래쪽 부분을 발굴해 본다면 백제시대의 성벽을 찾을 수도 있지 않을까 하는 생각이 들었다.

주민들에게 왕궁터라는 지명이 전해지는 곳이지만 정상 부근에서 건물터나 기와조각 같은 것도 보이지 않는다. 남아 있는 성벽들만 살펴보다 하산하는데 멀리 연무대 육군훈련소에서 사격훈련 중인지 총소리가 들려온다. 1,070명이나 되는 백제부흥군이 전사한 전장으로 알려진 곳에서 듣는 총소리는 어쩐지 아련하다.

사비에 주둔한 당군을 위협한, 두릉윤성

660년 11월에 왕흥사 잠성이 함락되었음에도 불구하고 661년 2월 백제부흥군은 사비도성에 대한 대담한 공격을 감행한다. 이때 백제 부흥군의 주력은 예산과 홍성, 청양 지역에 주둔한 군사들이었을 것이다. 금강과 무한천을 매개로 사비를 압박하였던 것으로 보인다. 청양 지역에는 백제 부흥군의 거점으로 추정되는 두릉윤성이 있었다.

두릉윤성으로 불리는 계봉산성은 성의 둘레가 560m 정도이다. 이를 백제 부흥운동의 중심지인 주류성으로 보는 주장도 있지만 아무래도 현재의 규모로만 본다면 장기 농성을 할 수 있는 요새로는 적합하지 않다. 두릉윤성을 중심으로 칠갑산 일대의 크고 작은 백제산성들과 연합하여 상당한

두릉윤성 입구의 '백제고성 두륭윤성 사실기'

두릉윤성의 잔존 성벽

스러져간 백제의 함성

세력을 형성했으리라 추정된다. 성위에서 조망하면 금강과 사비도성이 모두 한눈에 들어오니 신라군의 작은 움직임도 그대로 포착되는 것이다. 굳이 멀리로 우회하지 않는 한 신라군의 진군을 예상하고 대비할 수 있는 지형이기 때문이다.

사비도성의 금강 이북을 단단하게 틀어막고 있던 두릉윤성 덕분에 주류성을 비롯한 백제부흥군의 여러 세력들이 작전을 펼치거나 농성하는데 힘이 되었을 것이다. 두릉윤성의 위치가 사비도성과 가까웠기 때문에 임존성 등과 함께 신라군에게는 늘 경계의 대상이었을 것이다.

두릉윤성으로 진입하는 남문지 입구에는 2008년 청양군수가 세운 '백제고성 두릉윤성 사실기'가 있다. 비문에는 좌평 정무가 두릉윤성의 수장이었으며 두릉윤성에서 장렬한 최후를 마친 것으로 기록되어 있다. 『삼국사기』에 좌평 정무가 두시원악에 주둔하여 당군을 괴롭혔다는 기록과, 이병도가 일찍이 두시원악을 청양군 정산면으로 비정한 것을 근거로 좌평 정무를 두릉윤성의 수장이라 여기는 것이다. 요충지이며 격전지였던 두릉윤성의 위상에 걸맞은 인물을 찾다 보니 좌평 정무가 적합했던 것일 텐데 사실을 확인할 길은 없다.

그러나 두릉윤성의 백제부흥군들이 부흥전쟁 기간 내내 사비도성 위에서 나당군을 끊임없이 괴롭히면서도 함락당하지 않을 정도의 군사력을 갖춘 세력이었다면 그 세력을 지휘하고 통제하며 전략 전술을 수행한 탁월한 지휘관이 존재했을 게 분명하다. 그런 면에서 좌평 정무가 두릉윤성의 수장이었을 가능성 또한 적지 않다고 볼 수 있겠다.

이렇게 역사적으로 중요한 사적이다 보니 이곳에도 백제부흥군 추모비와 제단이 마련되어 있다. 여기서 백제군이 최초로 승리한 4월 19일마다 인근 주민들과 두릉윤성보존현창회에서 1,300년 전 산화한 백제 독립군들을 추모하고 산성의 역사를 되새기는 두릉윤성 백제부흥군 위령제를 지내고 있다.

부흥운동의 거점, 무한천

흑치상지가 지키다 흑치상지에 함락된 철옹성, 임존성

무한천변의 백제 부흥운동 중심지로는 단연 임존성이다. 임존성과 함께 홍성의 장곡산성 등 무한천 일대의 성들도 부흥운동의 거점이었을 것으로 추정된다. 임존성은 대흥 봉수산성으로 보고 있으며, 임존관(任存官)이란 명문기와까지 출토되어 이를 확실하게 증명하고 있다.

임존성은 백제부흥운동의 시작부터 끝까지 그 운명을 함께 했던 성이며, 우리에게 잘 알려진 명장 흑치상지가 웅거하던 요새다. 예산군 대흥면과 광시면, 금마면 등 3개 면의 경계를 이루고 있는 봉수산(483m)의 산 정상부를 둘러싼 테뫼식 산성으로 사적 제90호로 지정되어 있다. 임존성은 백제가 수도를 웅진과 사비로 천도한 후부터 수도 방위의 중요한 역할을 했다. 일부에서는 백제의 5방 중 하나인 서방이라고 주장도 한다. 660년

복원된 임존성 성벽

백제가 멸망한 후에는 흑치상지를 중심으로 임존성의 군사들과 백성들은 나·당 연합군의 공격을 막아 내면서 백제의 200여 성을 수복하는데 기여하면서 백제부흥운동의 중심지로 자리 잡았다.

임존성은 그동안 상당한 복원이 이뤄져 남벽 부분은 원래의 성벽을 짐작할 수 있을 만큼 복원되어 있다. 이 구간은 백제의 도읍인 웅진성이나 사비성을 바라보는 방향이다. 조망이 워낙 좋아 산 아래 신라와 당군의 움직임을 한눈에 볼 수 있다. 굴곡이 심한 산허리를 비스듬히 감돌아 내려간 성벽은 가지런하게 쌓아 올려 복원된 모습이다.

아직 복원되지 않은 성벽 뒤로 예당저수지가 보인다.

임존성 백제복국 기념비와 제단

스러져간 백제의 함성

어느 방향으로 보아도 산 아래 적들의 동태를 파악하기 쉽고, 적들에게는 접근이 어렵고 설령 접근하더라도 산정상부를 향해 자유롭게 전투를 하기에는 어려운 천혜의 요새가 임존성이다. 더구나 시대의 명장 흑치상지와 지수신이 이 성에 주둔하면서 백제부흥군을 이끌던 당시에는 그야말로 난공불락이었을 것이다.

그러나 663년 8월, 3년여 간 나당연합군을 궁지로 몰아넣었던 백제부흥군은 일본에서 파견된 구원군과의 합류에 실패하고 백강전투에서 대패한다. 백제부흥군과 신라군, 당나라 수군과 일본 구원군 선단이 격돌한 백강전투 이후 백제 부흥운동은 재기불능 상태에 빠진다. 더욱이 부흥군 내부에서는 복신이 도침을 죽이고, 또 복신을 부여풍이 죽이는 등 내분이 격화되었다. 이 와중에 흑치상지는 당의 회유에 투항하고 만다. 망국의 설움을 안고 오직 백제의 부흥을 위해 기치를 들었지만 지도부의 내분으로 누구를 위한 전쟁인가 라는 회의에 빠졌고, 당은 이 틈을 놓치지 않은 것으로 보인다. 임존성만 건재하였지만, 임존성마저 나당연합군에게 포위된 상황에서 흑치상지는 당군의 선봉에서 임존성을 함락시킨다. 끝까지 임존성을 사수한 지수신은 성이 함락되자 고구려로 망명함으로써 백제 부흥운동은 소멸되게 된다.

현재 복원된 임존성 남벽 중간 지점쯤에는 기념비와 제단이 설치되어 있다. 예산문화원에서 세운 비문에는 "비록 백제 복국의 꿈은 이루지 못했으나 임존성에서 보인 그들의 구국정신은 후세의 귀감이 되었다. 이에 임존성 백제복국운동의 역사를 기록하여, 이들의 구국정신을 기리고 숭고한 뜻을 후세에 전하기 위하여 이 비를 세운다."라는 내용이 적혀 있다. 역사의 현장은 이처럼 후세까지 이어지는 통로가 된 것이다.

최근 소장 학자들이 주장하는 주류성, 홍성 장곡산성(長谷山城)

장곡산성을 찾아가는 길은 장곡면 대현리로부터 시작인데, 수풀이 우거진 여름 산에서 인적이 드물어 묻혀버린 산길을 찾기는 언제나 쉽지 않은 일이다. 그래도 성이 있는 방향을 잡고 이리저리 우왕좌왕하다 보면 우연인지 필연인지 길은 나온다.

서문지로 알려진 성 입구로 들어서니 산성이라는 것은 분명히 느껴지지만 울창한 수목에 가려 전모가 보이지 않으니 어림짐작할 뿐이다. 여기저기 무너진 성벽과 성돌들이 쌓여있고 색 바랜 '홍성 장곡산성' 표지판만 덩그러니 서있다.

장곡산성은 1998년 7월 25일 충청남도문화재자료 제360호로 지정되었다. 둘레 1,352.6m에 달한다. 성내에서 방대한 건물터와 주춧돌, 기와조각, 토기류가 발견되었다. 이 지역은 옛 백제 부흥운동의 거점지로 주목되는 예산군 대흥면의 임존성과는 12.6㎞, 공주 34.5㎞, 부여 27㎞, 아산만 어귀에서 44㎞ 떨어진 곳으로, 장곡산성·학성산성·태봉산성·소구니산성이 띠를 이루듯이 모여 있다. 지형적으로 볼 때 백제부흥군이 주둔하면서 인근의 임존성과 연계하여 전투에 사용되었을 가능성은 높으며 부흥군 입장에서 볼 때 장곡산성은 나당군의 위협으로부터 떨어져 있어 상당히 안정적인 지역으로 볼 수 있다.

장곡산성에서 24회째 열린 백제부흥운동 순의열사 위령제

장곡산성의 잔존 성벽

이 일대를 지표조사한 결과 사시(沙尸)·사시량(沙尸良) 등의 글자가 적힌 기와조각들과 백제시대 토기, 청동제 방울 등이 발견되었고, 장곡산성을 거점으로 직경 1㎞ 이내에서 철광지와 6군데의 야철지가 발견되었다. 이에 백제 사시량현의 중심성으로 추정된다. 이 지역 향토사학자들은 백제 멸망 후에 백제 부흥군의 수도였던 주류성이라고 주장도 한다. 홍성 지역민은 이처럼 장곡산성이 백제 부흥운동의 중심지였다는 것을 자랑스럽게 여기며, 올해로 24회째 맞이하는 순의열사에 대한 위령제를 개최했다. 백제부흥전쟁 1356주년을 맞아 장곡산성에서 열린 위령제에는 지역주민 등 100여 명이 참석한 가운데 군부대의 협조로 21발의 조포발사로 순의열사에 대한 혼을 위령해 그 뜻을 더했다.

백제 부흥운동 동방의 거점, 세종과 대전

부흥전쟁 기록엔 빠진 사비 북쪽의 운주산성과 고대 산성들

현재의 세종(연기) 지역은 웅진과 인접한 전략상 중요한 지역이다. 웅진은 사비 동북쪽의 한반도 중심에 위치한다. 특히 신라가 경주로부터 백제의 중심인 사비와 웅진으로 병력과 물자를 보내려면 통과해야 할 지역이며, 백제쪽에서 고구려를 공격하려면 반드시 거쳐야 할 루트이므로 사비지역과 비교하여 전략적 중요성이 떨어지지 않는 지역이다. 백제부흥군이

일부 복원된 성벽과 운주산성 서문

운주산성 성 내부의 모습

웅진성을 포위하여 웅진으로 들어가는 길을 막고 사비도성과의 연계를 차단할 경우 사비도성의 고립과 세력 약화는 자명한 것이고, 이에 따라 세종지역과 대전지역의 백제부흥군 산성들의 사비도성 공격과 고립작전이 더욱 용이해진다는 것을 알 수 있다. 실제『삼국사기』에는 662년 7월 유인원과 유인궤가 복신의 남은 무리를 웅진의 동쪽에서 크게 깨트렸다는 기록이 보이는데, 이때 사정책 등 대전 지역의 지명이 나온다. 실제 당군은 웅진과 사비를 제외한 전 지역을 백제부흥군이 장악함으로써 고립되었고, 철수를 고려할 정도로 위기 상황이었다. 비로소 이때를 계기로 당군은 웅진의 동쪽을 장악할 수 있었으니, 이를 바꾸어 말하면 이전까지는 백제 부흥군의 수중에 있었다는 것을 말해준다. 그렇지만 자세한 전황이나 전장에 관련된 정보는 나오지 않아 파악하기가 어렵다.

　몇몇 학자들에 의해 사비 북쪽 지역의 주류성 위치 비정이 나오기도 했지만, 현재는 대부분 부안의 우금산성으로 맞춰지는 분위기여서 주류성에 대한 언급은 조심스럽다. 일찍이 신채호는 현재의 세종시 남쪽 금강가의 진의리 산성을 주류성이라고 비정했다. 김재붕은 주류성의 주성이 세종시 전동면 운주산의 운주산성이라며 산 정상에 있는 비석에 새겨 놓았지만, 훗날 당산성이 주류성이라고 번복하여 논란을 남겼다. 이후 아직까지 이렇다 할 연구 성과가 나오지 않아 사비도성 북쪽 세종 지역의 백제부흥운동 당시의 역할이나 상황에 대한 궁금증은 더해가고 있다.

　다만 세종시 전의면 다방리에 위치한 비암사 탑 위에서 발견된 계유명 전씨아미타불비상에서 백제의 최후와 관련된 흔적을 찾을 수 있다. 백제

운주산 정상 백제의 얼탑

멸망 이후 신라에 귀부한 백제 유민들이 만든 것으로 보이는 불비상은 671년 계유년에 만든 것인데, 백제부흥운동이 소멸된 지 10여년 뒤의 일이다. 불비상을 시납한 사람들

운주산 정상 백제의 얼 탑 후면에 운주산이 주류성의 주성이라 기록되었다.

은 백제 성(姓)을 사용하고 있어 백제 후손으로 생각된다. 그러나 그들이 신라관등을 쓰고 있기 때문에 명문에 새겨진 국왕대신을 백제왕으로 보지 않고, 신라왕을 의미하는 것이라는 주장도 있다. 그럼에도 백제 관등인 '달솔 신차(身次)'라는 명문이 유일하게 남아 있어 불비상 시납에 참여한 사람들을 신라에 귀부한 백제 유민으로 추정하는 것이다.

무엇보다 671년 당시는 전쟁은 끝났지만 신라의 입장에서 자신들의 지역도 아닌 적국 백제지역에 사찰을 세울 만한 여유가 있었을지는 의문이다. 불비상이 나온 비암사 위치는 지금도 유명 관광지도 아닌데다 쉽게 찾아가기 어려운 오지이다. 오랜 전쟁 끝에 복구와 치유가 필요한 힘든 시기에 사찰을 창건하고 불비상을 만들어야 할 필연적인 이유가 있었을 것이다. 게다가 조그만 석탑을 세우고 여러 개의 불비상을 만들었는데 시납자들이 백제후손들로 추정되는 것도 특이하고, 비문에 국왕대신의 극락왕생을 원한다는 것이 사찰 규모로 볼 때 어울리지 않는다.

어쩌면 치열한 부흥운동의 격전지에 백제의 후손이나 유민들이 백제왕들과 부흥군의 영령을 위로하고 추모하기 위해 만든 것은 아닐까 생각해 본다. 이미 백제는 망한 나라이므로 귀부하여 살아남은 사람들은 신라의 관등을 사용하고, 나라 이름을 생략하고 그저 국왕대신이라고 표기하여 보는 사람에 따라 백제국왕대신이나 신라국왕대신으로 생각할 수 있도록 만든 건 아닐까 추정해 볼 뿐이다.

세종시 북부에 해당하는 전의 지역에 포진한 수많은 고대 산성들이 백제부흥운동의 격전장이거나 상당한 역할을 수행했을 거라고 보지만 문헌에 기록이 남지 않아 더 이상의 설명은 어렵다. 앞으로 고고학적인 발굴을 통해 그 실체가 자세하게 밝혀지기를 바랄 뿐이다.

국보106호 계유명전씨 아미타불비상(국립청주박물관 소장, 이오봉 촬영)

보급로 '웅진도'를 차단했던 대전 지역 백제산성들

웅진부성에 주둔하고 있던 당군을 고립시키기 위하여 백제부흥군은 나당연합군의 군수보급로인 '웅진도(熊津道)'의 차단을 감행하였다. 현재의 대전지역은 웅진의 동쪽지역에 해당한다. 이 지역은 신라에서 사비와 웅진으로 가는 길목으로 전략상 중요한 요충지였다. 백제부흥군이 웅진 동쪽의 웅진도를 차단한다면 신라는 병력 파견은 물론 주둔군에 보내는 군수물자까지 막히는 비상사태가 벌어지게 된다. 그래서 백제부흥군은 일찌감치 옹산성, 지라성, 우술성, 진현성, 내사지성, 사정동산성 등에서 거병하여 신라군을 끊임없이 공격하고, 웅진으로 가는 주요 보급로인 웅진도를 틀어막았다. 백제부흥군의 웅진도 차단으로 웅진부성에 주둔하던 당군은 아사직전까지 이를 정도로 고립되었다. 대전지역에서 벌어진 전투는 웅진도의 확보와 개통을 위한 신라의 다급한 사정이 반영되어 더욱 치열하게 전개되었고, 엄청난 전사자를 낼만큼 치열하게 진행되었다.

대군단과 함께 문무왕이 직접 나선 옹산성·우술성 전투

661년 6월, 무열왕의 뒤를 이어 즉위한 문무왕은 당 고종황제의 요구에 따라 고구려 침공에 나선 소정방의 수륙 35도 군병에게 필요한 군량을 수송하게 되었다. 문무왕은 직접 평양으로 가는 원정길에 오르며 김유신을 대장군으로 하는 대군단을 편성하여 출정하였다.

『삼국사기』에는 신라의 대군단이 661년 9월 25일 대전 계족산성으로 비정되는 옹산성에 이르러 성을 포위하고 항복을 권유하지만 응하지 않자,

스러져간 백제의 함성

옹산성(계족산성) 내부의 건물지

9월 27일 공격을 감행해 이 성을 함락시켰으며, 이어 옹산성 공격에 나섰던 품일장군의 부대가 별도로 출동해 대전 읍내동 일대로 비정되는 우술성까지 함락시켰다는 내용이 나와 있다.

　신라군이 두 성을 함락시킨 연유를 보면 흥미롭다. 고구려 정벌을 돕기위해 신라군은 어려운 상황에도 불구하고 출병하였는데, 당군을 위해 평양으로 군량을 수송하는 임무를 맡았다. 평양으로 북진하던 신라군이 옹산성과 우술성을 공격하게 된 이유는 웅진부성의 고립 때문이었다. 군량수송에 동행한 당나라 함자도총관 유덕민은 옹산성의 백제부흥군이 '웅진도'를 차

옹산성으로 추정되는 계족산성의 복원된 성벽

계족산성에서 조망되는 대청호 일대

스러져간 백제의 함성

단하면 웅진부성에 주둔하고 있는 당병이 위태로울 것을 염려해 먼저 웅산성을 쳐서 웅진도를 확보하자고 하였다. 이처럼 웅산성과 우술성은 웅진으로 통하는 주요 보급로인 웅진도를 틀어막는 요충지였음을 알 수 있다.

웅산성의 백제부흥군은 신라의 대군단을 맞아 사흘 동안 치열한 전투를 벌였다. 부흥군 수천 명이 전사하면서 9월 27일, 사흘 만에 함락되고 끝까지 항복하지 않고 전투를 이끌던 부흥군의 지휘관은 처형당한다. 문무왕은 이 전투에서 승리하기 위해 스스로 높은 곳에 올라 눈물겨운 말로 병사들을 독려하였다니, 신라군이 웅진도 확보를 위해 얼마나 치열한 전투를 벌였는지 알 수 있는 장면이다.

웅산성이 함락되자 신라의 품일장군은 곧장 우술성을 공격한다. 1천여 명의 전사자를 낸 끝에 달솔 조복 등이 항복하면서 우술성까지 함락되자 다시 웅진도를 확보하게 된다. 웅산성 전투 후 신라군들은 대대적인 논공행상을 통해 유공자에게는 관직을 올려주고 관직에 따라 검과 창 등 무기도 수여했다고 한다. 웅산성 전투를 반드시 이겨야만 하는 이유와 의지를 엿볼 수 있다.

반면 우술성 전투에서 항복한 달솔 조복과 은솔 파가에게는 관직을 주고 의복과 주택을 주어 파격적인 대우를 해주고, 웅산성에서처럼 끝까지 저항한 부흥군은 모조리 죽인다는 신라의 전투 원칙을 지켜 부흥군의 사기를 꺾으려는 의도를 드러냈다.

웅산성으로 비정되는 계족산성은 4면이 험준한 지형을 이용하여 정상부에서 북북동쪽으로 길게 발달된 능선을 따라 약 1.3㎞ 지점에 해당되는

우술성 성벽으로 추정되는 곳에 세워진 안내표지판

봉우리 위에 견고하게 축조되었다. 옥천 방면에서 문의-청주를 거쳐 북상하는 고대 도로를 조망할 수 있으며, 신라의 전초기지라고 할 수 있는 보은-옥천에서 웅진에 이르는 가장 가까운 거리상의 중간에 위치하고 있어, 이른바 웅진도를 감시하고 통제까지 할 수 있는 요충지라 하겠다.

산성의 전체적인 평면 형태는 남-북을 장축으로 하는 장방형에 가까운 모습이다. 이 성의 전체 둘레는 약 1,037m로 대전광역시 관내에 분포되어 있는 산성 중에서는 단연 최대의 테뫼식 석축산성이다. 동, 서, 남쪽에 문지가 있고, 건물지 또한 7개가 조사되었다.

김유신이 이끄는 신라 대군의 총공세를 번번이 막아내고 수천 명의 전사자를 내고서야 사흘 만에 함락당했다는 계족산성의 처절한 몸부림을 지금도 그대로 느낄 수 있다. 바람이 불자 건물터에 마음대로 자란 잡초들이 흔들리며 서걱거린다. 성벽 위를 뛰어다니며 최후까지 독전했을 부흥군 장수의 목멘 함성이 들리는 듯하다.

우술성은 대덕구에 위치한 연축동산성으로 비정되고 있다. 기록에 의하면 이 산성은 북벽을 등지고, 동·서·북벽은 산릉선을 따라 자연지형을 이용하여 구축하였으며, 남벽은 동서 양 능선사이의 경사면을 가로질러서 축조되었고, 전체 둘레는 580m에 이른다고 알려져 있다.

유인궤의 리더십이 돋보인 진현성 전투

당군이 고립된 웅진부성을 지원하기 위한 웅진도를 차단하는 백제부흥군의 주요 거점들을 공격하기 시작했는데, 이때 가장 중요하게 진행된 것이 진현성 전투이며, 이는 지라성 및 윤성, 대산·사정 등 목책들과 거의 동시에 수행되고 있었다.

662년 7월 진현성 공격에 앞서 유인궤는 당으로 철수하기를 원하는 병사들에게 군인으로서의 대의명분을 내세워 전투자세를 일깨워준다. 또한 백제부흥군 수뇌부의 성격까지 파악하여 풍왕과 복신이 반목하여 분열할 것까지 예상하고 있다. 게다가 당군이 현재 처한 처지가 백제부흥군의 중앙부에 해당하니 섣불리 움직이다 적에게 죽거나 포로로 잡힐 것이라는 상황을 알려 병사들을 설득하였다. 유인궤의 설득에 복종한 당군은 바로 진

두마천이 성벽을 감도는 진현성 전경

현성을 함락시키고 신라의 군량운송 도로를 개통시키고 있다. 진현성 함락 전투가 끝나고 유인궤는 이 공로를 인정받아 6품계가 특진되어 정식으로 대방주자사에 제수될 만큼 나당입장에서는 중대한 승리였다.

진현성은 흑석동산성으로 비정되고 있으며, 흑석역의 서쪽에 있는 해발 197m의 고무래봉 정상부에 축조되어 있다. 남쪽을 제외한 3면이 두마천(갑천)으로 돌려 있고, 경사면이 매우 가파르다. 성의 평면형태는 삼태기모양으로 내탁하여 외축한 테뫼식 석축산성으로 성의 전체 둘레는 540m 정도이다.

산성의 규모는 무너진 성벽만으로는 그다지 크거나 넓지 않다. 북쪽으로 흐르는 갑천을 끼고 가파르게 형성된 벼랑길로는 접근이 어려운 천혜의 요새다. 남쪽으로 길게 이어지는 성벽을 방어하며 전투를 치르자면 역시 방어하는 입장이 훨씬 유리하게 보인다. 백제부흥군의 입장에서는 이런 요새를 공략한다는 것은 자살행위라는 믿음이 있었을 것이고, 그러다보니 아무래도 기습에 대한 대비는 부족하지 않았을까. 야음을 틈타 침입해서 대기하다가 새벽에 쳐들어오는 당군에 잠도 깨지 못한 채 혼비백산으로 당하고 말았을 것이다. 이 작은 성에서 800여 명이나 전사했다니 그 아비규환과 처절한 살육의 현장이 우거진 잡초들 밑에서 평온하다.

신라군의 눈엣가시, 내사지성 전투

662년 7월 지라성이 함락되고 이어서 사정동산성이 함락되었다. 한 달 후인 8월 신라 김흠순이 장군 19명을 데리고 내사지성을 공격했다. 신라군은 내사지성의 백제부흥군으로 인하여 다시 웅진도가 차단될까봐 우려하여 이를 공격한 것이라 여겨진다. 이 전투에 참여한 19장군에 대당총관 진주와 남천주총관 진흠이 빠져 있는데, 이들은 661년 고구려 정벌 시에 각각 대당총관과 하주총관으로 출동하였고, 옹산성 전투에도 참전했던 인물들이다. 그런데 이 내사지성 전투에 병을 칭하여 참여하지 않으려고 하다가 오히려 그 가족들까지 주살되고 있는 것을 보면, 당시 내사지성에 주둔하고 있는 백제부흥군의 위세가 그만큼 대단했던 것은 아니었을까. 또 다른 기록에는 내사지성에 모인 백제군이 악행을 일삼았다고 되었는데, 이

또한 백제부흥군이 신라에서 웅진으로 연결되는 웅진도를 차단하여 웅진부성의 당군을 고립시키고 있었음을 알 수 있는 것이다.

내사지성은 사료에 따라 노사지성(奴斯只城)으로도 표기된다. 노(奴)와 내(內)는 양(壤)을 의미하는 동의어이다. 노사지성은 『일본서기』에 노수리산(怒受利山)으로 기록하면서 백제 국경 동쪽에 있다고 하였을 만큼 내사지성의 중요성에 대해서는 백제와 왜가 모두 비중 있게 다루고 있다. 삼국을 통일한 후 경덕왕 16년(757) 백제 지역의 호칭을 일괄 바꿀 때 내사지성은 유성현으로 개칭되어 지금도 명칭을 그대로 쓰고 있다.

내사지성은 『신증동국여지승람』에 유성산성으로 나오며, 대전 월평동에 있기 때문에 월평동산성으로도 부르고 있다. 137.8m의 테뫼식산성이며, 둘레는 710m 이다. 성내에는 7~12m의 내호가 둘려져 있어 적의 공격에 대비하였다. 이 성의 주위로는 서쪽에 갑천이 남북으로 흐르고 산성이 경사가 급한 곳에 축성되어 있어 공략하기 어려운 성이며 대전과 공주 길목에 있어 적을 제어하는데 좋은 산성이다.

월평동산성은 표고가 그다지 높지 않아 산성으로 가는 길은 비교적 완만하고 산책로와 같지만, 북쪽면은 갑천이 산을 끼고 흘러서 공략이 어려울 것이다. 지금은 갑천보다는 계룡로가 먼저 산을 끼고 돌아가기 때문에 예전 지형을 짐작하기는 어렵지만 이 산성에서 웅거하면서 웅진로를 지나는 보급부대를 공격하고 돌아오는 기동대를 운용하기에는 좋았을 것이다. 신라군이 내사지성의 백제부흥군에게 얼마나 당했으면 '악행을 일삼았다'는 표현을 썼을지 짐작이 간다.

장대지로 여겨지는 가장 높은 봉우리 위에 누군가 근처 돌들을 모아 놓았다.

 월평쉼터 뒤로 몇 가지 체육시설을 갖춘 널따란 개활지가 나온다. 백제 부흥군이 주둔하며 훈련하였을 터에서 지금은 월평동 주민들이 체력을 다지고 있다. 여기서 조금 더 올라가면 이 부근에서 가장 높은 둔덕이 나온다. 둔덕은 동서 방향으로 작은 길이 나있는데, 정상 부근에 큰 돌 몇 개가 놓여있다. 내사지성 장대지라고 여겨지는 곳인데 올라가보니 역시 가장 높아서 지휘를 하기에 적당해 보인다. 장대지 주변으로 기와편이 꽤 많이 보인다.

웅진로를 틀어막은 대전지역의 다른 성들

대전은 산성의 도시라 할 정도로 수많은 산성이 여러 갈래에서 축조되었다. 이처럼 많은 산성이 축조된 것은 다름 아닌 대전이 지금 호남과 경부의 분기점인 교통의 요지인 것처럼백제와 신라의 갈림길이 되는 지점이다. 백제 부흥운동군은 백제가 방어를 위해 설치한 산성들을 활용하여 요새로 만들었다. 이러한 노력 때문에 웅진도를 장악할 수 있었던 것이다. 그러면 대전 지역의 중요한 성들을 차례로 살펴보기로 하자.

먼저, 지라성은 지리성이라고도 하고, 지금의 질현성으로 비정된다. 질현성은 대전 대덕구 비례동 산 31-1에 위치하며, 회덕에서 동쪽으로 옥천 방향과 문의-청주와 회인-보은 방면에 이르는 고개에 있다. 지라성은 주류성이라 비정할 정도로 중요한 산성이다. 662년 7월 이후 웅진 동쪽 제성들이 공격받아 함락될 때 일괄 함락되었다. 이로써 부흥군들은 웅진 동쪽을 상실하였고 신라군들은 웅진 부성에 병력과 군수품의 전달을 원활하게 되었으며, 고구려를 공격하기 위한 발판을 확실하게 마련한 것이다.

윤성과 대산은 웅진 동쪽에 있다고 하지만 그 위치는 알 수 없다. 지라성 사정책과 등장함을 볼 때 대전 지역의 산성임에는 틀림없겠다.

사정동 산성은 『삼국사기』에는 백제 동성왕 20년(498)에 한솔 비타가 축성하였다고 기록되었다. 동성왕은 산성을 많이 축성하였으며, 공주 즉 웅진도성 방어를 위해 웅진 동쪽과 북쪽에 산성을 쌓아 신라의 침공에 대비하였다. 사정동 산성도 같은 이유로 쌓은 것이다.

사정동 산성은 대전시 사정동 산62번지 일대로 창평마을 뒤편으로 비정하고 있다. 사정동산성은 진산에서 대전을 걸쳐 유성으로 가는 길목에 위치한다. 해발 150m 정도의 높지 않은 곳에 있으며, 둘레는 400여m가 되는 테뫼식 석축산성이다. 축성에 쓰인 돌들은 자연 할석을 이용하였으나 일부에서는 치석한 흔적도 볼 수 있다. 성내의 중앙 정상부에 장대지(將臺止)의 흔적이 남아있고 백제계의 승석문토기편(繩蓆文土器片)이 많이 수습되었다. 또한 신라군이 사정동 산성 목책을 부쉈다는 기록을 볼 때, 이 산성의 규모도 적지 않았을 것이다.

웅현정은 661년 9월 19일 신라군이 우술성을 공격하기 위해 머문 성인데 그 위치를 알 수 없다. 다만 대덕구 부근임에는 틀림없겠다. 이처럼 웅진도를 개통시키기 위하여 전투를 벌였던 웅산성 및 우술성과 지라성 등 4성, 그리고 내사지성과 진현성 등의 위치로 볼 때 웅진도는 대전 지역을 통과하는 것이 분명해 보인다. 백제부흥군은 웅진에 주둔하고 있는 당군을 고립시키기 위하여 그 통로상에 있는 대전지방의 요충지에 군사력을 집중시켜, 경주를 출발하여 보은을 거쳐 옥천-대전-공주에 이르는 신라의 군량 운송로인 '웅진도'를 차단하려 했지만 지휘부의 내분 등 여러 가지 이유로 실패하고 말았다.

만약 백제부흥군이 일사분란하게 웅진도를 지속적으로 차단하여 신라군과 당군이 합세하는 것을 막을 수 있었다면 백제부흥운동은 새로운 국면을 맞이할 수 있었을 것이다. 대전 지역의 여러 산성들이 웅진도를 차단하는데 실패하면서, 결국 신라군이 당군과 합세하여 전황을 뒤집을 수 있었고, 마침내 백제부흥군의 왕성인 주류성까지 함락할 수 있는 빌미를 마련해 준 것이다.

금강 이남 및 그 밖의 지역

부흥운동 전성기의 전적지, 거열성

거열성은 경상남도 거창군 거창읍 상리에 있는 석축산성으로 일명 건흥산성(乾興山城)이라 부른다. 덕유산 줄기에 있는 해발 563m의 건마산의 끝부분 꼭대기에 있는데, 성 아래에서 성곽이 보이지 않게 산의 지세와 능선의 높낮이를 이용하여 요새와 같이 쌓았다.

『동국여지승람』에는 읍의 북쪽 8리에 있고, 둘레가 3리나 되는 돌로 쌓은 산성이라 기록하고 있다. 현재 성벽의 둘레는 약 1.5km에 달하는 큰 성으로 높이가 8m에 이른다. 축조시기를 달리하는 내성과 외성으로 구성되어 고대 산성의 축성기법 변화를 연구할 수 있는 중요 유적으로 익히 알려져 있다.

성이 만들어진 정확한 연대는 알 수 없으나 부근에 있는 또 다른 성터와 함께 신라와 백제가 치열한 싸움을 하였던 곳으로 전해 온다. 신라 문무왕 3년(663) 2월 이곳에 웅거한 백제부흥운동군을 신라의 장군인 흠순과 천존 등이 공격하여 700여명의 목을 베었다는 기록이 있다. 거열성이 함락된 이후 거물성과 사평성이 함락되고, 동방인 득안성마저도 함락되어 부흥운동

거창 거열산성 1차성 및 2차성 접합구간(문화재청 사진)

거열산성 전경(문화재청 사진)

쇠퇴기를 잘 보여주는 전적지이다. 뒤집어보면 백제 부흥운동의 전성기에는 거창 지역까지 이를 정도로 부흥군의 위세가 대단하였음을 보여주는 곳이기도 하다.

거창군에 의해 진행되고 있는 거열성에 대한 학술발굴조사에서 2019년 10월 거열성 동쪽 계곡부의 아래에 위치하는 외성 집수지의 전모가 확인되었으며, 대규모의 석축시설과 호안석축(집수지 벽면을 보호하기 위해 할석으로 축조한 구조물), 수거시설(할석을 이용하여 만든 물도랑)이 드러났다. 출토된 유물을 통해 외성의 집수지가 7세기 후엽부터 8세기에 걸쳐 사용되었다고 보인다.

백제부흥운동의 종언, 유력한 주류성 후보지로 비정되는 우금산성

백제 부흥운동의 수도였던 주류성은 현재 학계에서는 전북 부안군 상서면 감교리에 위치한 내변산의 우금산성으로 비정하는 의견이 가장 유력하다. 위금암산성으로도 불리는 우금산성은 울금바위 주변의 험준한 산 능선을 따라 조성된 석성이다. 성곽의 둘레는 3,960미터로 남벽은 넓고 북벽은 좁은 사다리꼴 형태로 남쪽의 계곡부와 몇 개의 봉우리를 포함하는 포곡식 산성이다. 산세가 험한 난공불락의 요새로 방어에 적합한 산성이다.

『일본서기』에는 주류성에 대한 지세가 나온다. 주류성은 논밭과는 거리가 멀고 메마른 자갈밭으로 농사에는 적당치 않지만 전쟁에는 용이한 곳이라는 것이다. 그런 까닭에 부여풍은 식량조달과 군수물자의 조달이 용이한 인근의 피성으로 잠시 천도했다가 되돌아오기도 했다.

우금바위 밑의 능선에 남아있는 성벽. 산세가 험준하다.

우금산성에서 조망이 가장 좋은 곳이 울금바위로 우금암, 우진암 등으로 불리고 있다. 울금바위 밑에 제법 큰 동굴이 복신굴이다. 백제의 좌평 귀실복신이 경쟁관계에 있던 도침을 살해하고 부여풍까지 제거하려 병을 핑계대고 숨어있던 곳이란 전설이 전한다. 부여풍이 복신의 의도를 알아채고 먼저 기습하여 죽이고 머리를 베어 염장한다. 그만큼 부여풍의 적개심이 대단했다는 것인데, 복신에게 당한 모욕과 무시를 갚은 것이리라.

　백제 부흥운동의 구심점이자 부흥운동 3년 동안 백제 최후의 왕도였던 주류성은 복신과 도침의 갈등에 이은 부여풍과 복신 사이의 반란과 진압으

복신이 은신했다고 전하는 복신굴

부안 개암사 뒤로 보이는 우금산성의 울금바위

　스러져간 백제의 함성

로 점차 명분을 잃고, 이탈세력이 속출하였다. 이러한 분열의 틈을 노린 나당연합군의 맹공으로 663년 8월 함락당하고 말았다. 이로써 백제 부흥운동은 완전히 종결되었고, 250여년 뒤 백제 유민들의 후예들에 의해 후백제가 건국되기까지 더 이상 백제 부흥의 목소리는 나오지 않았다.

엇갈린 운명,
부여풍과 부여융

노 중 국

계명대학교 명예교수

의자왕의 아들들

　　　　　　　　31대 의자왕(641-660)은 백제 마지막 왕이다. 무왕 33년632에 태자로 책봉되었고, 641년에 즉위하였다. 출생 연도는 기록이 없기 때문에 아들 부여융의 출생 연도를 통해 짐작해 볼 수밖에 없다. 부여융은 682년에 죽었는데 이때 68세였다. 따라서 그의 출생 연도는 615년(무왕 16)이다. 의자왕이 이 시기 남자의 결혼 연령인 20세에 결혼하여 615년에 아들 부여융을 낳았다면 출생 연도는 595년(위덕왕 42) 경이 된다. 그러면 641년 즉위할 당시 의자왕의 나이는 47세 전후가 된다.

　　의자왕은 많은 자식을 두었다. 정비 소생은 태자 융(隆)과 효(孝), 태(泰), 연(演), 강신(康信), 풍(豊), 선광(善光), 용(勇) 등이다. 의자왕은 615년 이전에 첫 부인을 맞이하였다. 이 첫 부인에게서 융, 태, 풍 등이 출생한 것 같다. 그 후 어느 시기에 의자왕은 은고(恩古)를 왕비로 맞이하였다. 첫 부인이 죽었기 때문에 은고를 맞이한 것인지 아니면 첫 부인이 있는데도 맞이하였는지는 알 수 없다. 효는 은고의 소생으로 추정된다. 의자왕은 정비 외에 많은 빈첩을 두었다. 이 빈첩들에게서 41명의 서자가 출생하였다. 서자 가운데 이름을 알 수 있는 사람은 궁(躬)이다.

　　왕자는 왕실의 핵심 구성원으로서 정치적 경제적 사회적으로 최고의 영예를 누리는 사람이다. 왕자는 왕실을 지키는 울타리 역할을 하며, 나라가 풍전등화의 위기에 처하였을 때 나라를 지키는 데 누구보다도 앞장 서야 한다. 그러나 막상 백제가 망하게 되었을 때 왕자들의 행태는 그렇지 않았다. 일부는 구차하게 생명을 부지하기 위해 나·당점령군에 협조하기도 하였고, 요행히 살아남아 타국으로 도망을 간 왕자는 망명객으로서의 서러움을 달래야 하였다. 이와는 달리 멸망한 왕조를 부흥시키기 위해 몸 바친 왕자도 있었다.

나·당점령군에 협조한 대표적인 왕자가 태자 부여융이고, 멸망한 백제를 부흥시키기 위해 몸 바친 대표적인 왕자가 부여풍이다. 부여융은 당이 설치한 웅진도독부의 도독이 되어 부흥군 진압과 백제 유민을 위무하는 데 앞장섰다. 반면에 부여풍은 왜에서 귀국하여 복신, 도침 등 부흥군 장군들과 함께 부흥백제국을 세운 후 나·당점령군을 몰아내기 위해 혼신의 노력을 하였다. 이 글에서는 엇갈린 길을 걸어 정반대의 삶을 살았던 부여풍과 부여융의 삶의 궤적을 정리해 보았다.

부여풍과 부여융

부여풍

부여풍의 이름은 풍(豊), 여풍(餘豊), 여풍장(餘豊璋), 풍장(豊璋) 등으로도 나온다. 본래의 이름은 부여풍장(扶餘豊璋)이다. 부여는 성이고, 풍장은 이름이다. 부여풍은 성은 그대로 하고 이름만 외자로 한 것이고, 풍은 성은 생략하고 이름만 외자로 표기한 것이며, 여풍은 이름과 성을 외자로 한 것이고, 여풍장은 성만 외자로 표기한 것이고, 풍장은 성을 생략한 것이다. 성이 복성이다 보니 여러 가지로 표기되었던 것이다.

부여풍에 대해 『속일본기』 효겸기 천평신호 2년(766)조에 "풍장왕(豊璋王)과 선광왕(禪廣王)은 의자왕의 아들이었다"고 하였다. 이 기사에 의하면 부여풍은 의자왕의 아들이었지만 몇째 아들인지는 알 수 없다. 그런데 『일본서기』 서명기 3년조에는 "백제왕 의자가 왕자 풍장을 왜에 보내 인질로 하였다"는 다른 내용의 기사가 나온다. 서명(舒明) 3년(631)은 무왕 32이다. 이 기사에서 연대를 중시하면 백제왕은 의자왕이 아니라 무왕이므로 풍장은 무왕의 아들이 되고, 기사 내용을 그대로 따르면 의자왕의 아들이 된다. 이 때문에 풍장의 실체에 대해 연대를 중시하는 연구자들은 무왕의 아들로, 내용을 중시하는 연구자들은 의자왕의 아들로 보았다. 후자의 경우 이 기사의 연대를 의자왕대로 수정해 보아야 한다. 필자는 연대를 중시하는 입장에서 서명기의 풍장은 무왕의 아들로 본다. 그러면 이 풍장은 의자왕과는 형제가 되고 『속일본기』에 나오는 의자왕의 아들 부여풍장의 삼촌이 된다. 다만 이 경우 삼촌과 조카의 이름이 같게 된다. 그 이유는 앞으로 해명해야 할 과제로 둔다.

의자왕의 아들 부여풍은 백제 멸망 당시 왜에 있었다. 그가 언제, 무엇 때문에 왜에 파견되었는지를 보여주는 직접적인 자료는 없지만 그 배경으로 주목되는 것이 의자왕이 2년(642)에 왕권을 강화하기 위해 일으킨 친위정변이다. 이 친위정변을 통해 의자왕은 교기(翹岐)를 비롯한 반왕 세력 40여 명을 축출하였다. 그런데 이때 왜는 의자왕의 뜻과는 반대로 교기를 왜로 받아들여 일정하게 대우를 해주었다. 왜의 처사는 의자왕으로서는 바람직하지 못하였다. 이로 말미암아 백제와 왜의 관계는 불편하게 되었다.

이후 의자왕은 왜와의 갈등 관계를 해소하기 위해 대좌평 사택지적(沙宅智積)을 파견하는 등 외교적 노력을 기울였고, 그 마무리로 부여풍을 왜로 파견하였다. 그 시기는 『삼국사기』 의자왕 13년(653)조에 "왜와 화통하였다"는 기사에서 미루어 653년으로 볼 수 있다.

왜에 파견된 부여풍은 귀국하지 않고 그대로 왜에 남았다. 약 7년간이다. 그는 왜에서 직관(織冠)의 관위를 받았고, 다신장부(多臣將敷)의 누이를 처로 삼았다. 백제 멸망 때 그는 왜에 있었기 때문에 나·당연합군의 포로가 되지 않았다. 이리하여 그는 백제부흥운동을 할 수밖에 없는 운명을 짊어지게 되었다.

부여융

부여융은 의자왕의 맏아들이다. 『삼국사기』에는 당나라 장군 소정방이 660년에 백제를 멸망시킨 후 의자왕과 왕자들을 포로로 잡아 귀환할 때 왕자들의 이름이 태자 효, 왕자 태, 융, 연의 순서로 나온다. 이에 근거하여 맨 앞에 나오는 태자 효를 맏아들로 보는 견해도 있다. 그러나 660년 8월에 세워진 <대당평백제국비명>에는 태자 융 다음에 효가 나온다. 이 비명은 백제가 멸망한 직후에 새겨진 것이므로 백제 당시의 상황을 보여준다. 따라서 의자왕의 맏아들은 부여융으로 보는 것이 타당하다. 둘째 아들은 태였다.

부여융은 백제 멸망 후 당나라로 들어가 벼슬을 살다가 영순 원년(682)에 사망하였다. <부여융묘지명>에 의하면 이때 그의 나이는 68세였으므로 출생 연도는 615년(무왕 16)이다. 부여융은 30세가 되는 의자왕 4년(644)에 태자로 책봉되었다. 의자왕이 무왕 33년(632)에서야 태자로 책봉된 것과 비교하면 책봉 시기가 매우 빠르다. 의자왕은 자신이 너무 늦게 태자에 책봉됨으로 말미암아 즉위하기까지 많은 어려움을 겪은 것에 대한 반성에서 부여융을 일찍 후계자로 정하였던 것이다.

그러나 태자의 지위는 정치적 상황에 따라 바뀔 수 있다. 의자왕대도 그러하였다. 이를 짐작하게 하는 것이 부여융이 이미 태자로 책봉되었는데도 불구하고 『삼국사기』 의자왕 20년(660)조에는 효(孝)가 태자로 나온다는 사실이다. 태자 효의 존재는 어느 시기에 태자의 지위가 융에서 효로 바뀐 것을 보여준다. 그 시기는 의자왕이 15년(665)에 태자궁을 화려하게 꾸민 것에서 미루어 655년경으로 볼 수 있다.

효는 왕비 은고(恩古)의 아들이었다. 그런데 이 시기 의자왕은 치유하기 힘든 병으로 심신이 쇠약해 있었다. 그 병은 반위(反胃: 위암 계통의 병)가 아닐까 추정하는 견해도 있다. 이로 말미암아 왕비 은고가 국정 운영을 좌지우지하게 되었다. 이에 은고는 태자를 융에서 자기 아들인 효로 교체하지 않았을까 한다.

부여융에서 효로의 태자 교체로 당시 지배세력들은 융을 지지하는 세력과 효를 지지하는 세력으로 분열되는 등 후유증을 가져왔다. 여기에 더하여 왕비 은고의 위세를 배경으로 하여 태자 효와 그의 지지 세력들은 정도를 벗어나기 시작하였다. 이는 여러 흉조로 나타났다. '흰 여우가 상좌평의 서안(書案)에 앉았다'는 흉조는 여우로 비유되는 상좌평이 태자를 등에 업고 호랑이 행세를 한 것(狐假虎威)을, '태자궁의 암탉이 작은 참새와 교미하였다'는 흉조는 효의 성 생활이 매우 문란하였음을 상징적으로 보여준다. 또 '형벌이 미치는 곳은 오직 충량한 자들이고 총애가 더해지는 곳은 아첨꾼이었다'는 기사는 충량한 반대세력들이 대거 제거된 것을 말해준다.

상황이 이렇게 되자 의자왕은 뒤늦게 부여융을 다시 태자로 세우고, 효는 외왕(外王: 小王)으로 봉하였다. <대당평백제국비명>과 『구당서』등 중국사서와 『일본서기』에 부여융이 태자로, 효는 소왕 또는 외왕(小王: 外王)으로 나오는 것이 이를 말해준다. 반면에 『삼국사기』편찬자는 마지막까지 효를 태자로 보는 입장에서 태자 부여융과 관련한 사항 모두를 태자 효와 관련한 것으로 정리하고 부여융은 그냥 '왕자 융' 또는 '백제왕자'로만 기술하였다. 그 결과 『삼국사기』의 내용은 <대당평백제국비명>을 비롯한 다른 사서와 차이가 생기게 되었다.

운명의 갈림길

당의 관료가 된 부여융

648년 신라 김춘추는 당나라에 들어가 당 태종을 만나 나·당(羅唐)동맹을 맺었다. 동맹을 맺으면서 김춘추와 당 태종은 몇 가지 사항에 합의하였다. 첫째, 이 동맹은 군사동맹이라는 것이다. 둘째, 나·당동맹의 1차 공격 대상을 백제로 정한 것이다. 당이 주공격 대상을 고구려에서에 백제로 바꾼 전략의 수정인 것이다. 셋째, 백제와 고구려를 멸망시킨 후 대동강 이남의 땅은 신라가 차지한다는 것이다. 이는 두 사람이 전후처리 문제까지 합의하였음을 보여준다.

660년 3월 당나라 군대는 산동반도의 내주(萊州)를 출발하여 6월 21일 서해상의 덕물도에 도착하였다. 태종무열왕은 아들 법민을 덕물도에 보내 군사기일[軍期]을 정하였다. 이에 따라 김유신은 5만의 군대를 거느리고 보은의 삼년산성을 출발하여 사비도성으로 진군하였다. 나·당연합군의 침공 소식을 들은 의자왕은 신하들을 모아 대응책을 논의하였다.

이 보다 앞서 좌평 성충은 옥중에서 죽으면서 의자왕에게 '육로로는 탄현을 막고, 수로로는 기벌포를 막아야 한다'는 충언을 남겼다. 그럼에도 신하들은 당군을 먼저 막을 것인가, 신라군을 먼저 막을 것인가 또는 신라군이 탄현을 넘지 못하게 할 것인가, 당군이 기벌포에 들어오지 못하게 할 것인가라는 문제로 의견이 갈렸다. 논의만 분분히 하는 사이에 신라군은 탄현을 통과하였고, 당군은 기벌포에 들어와 버렸다.

신라군의 탄현 통과 소식을 들은 의자왕은 황급히 장군 계백으로 하여금 5천의 결사대를 거느리고 나아가 막도록 하였다. 계백은 황산벌에 세 영채를 세우고 신라군을 맞았다. 이리하여 이른바 '황산벌 대전'이 벌어졌다. 계백의 백제군은 김유신의 공격을 네 번씩이나 물리쳤지만 마침내 패배하고 계백도 전사하였다. 승리한 신라군은 바로 사비성으로 진격하였다.

한편 소정방이 거느린 13만의 군대는 기벌포(금강 하구)에서 상륙한 후 저항하는 백제군을 물리치고 도성으로 진군하였다. 사비도성이 포위될 상황에 이르자 의자왕은 뒤늦게 성충의 충고를 받아들이지 않은 것을 후회하면서 웅진성으로 피난하였다.

의자왕이 웅진성으로 피난한 후 사비도성에서는 예기치 않은 일이 벌어졌다. 차자 태가 왕과 태자가 있는데도 불구하고 스스로 왕이 되어버렸기 때문이다. 태의 이러한 돌출 행동은 백제군의 지휘부를 혼란에 빠뜨리고 분열시켰다. 태의 즉위를 옳지 못하다고 생각한 의자왕의 적손 문사(文思)는 무리와 함께 줄을 타고 성을 넘어 나가버렸다. 이탈 세력이 생긴 것이다. 이에 부여융도 대좌평 사택천복 등과 함께 나·당연합군에 항복하였다.

부여융이 항복하자 무열왕의 태자 법민은 그를 말 앞에 무릎을 꿇게 하고 얼굴에 침을 뱉으면서 642년(의자왕 2)에 백제 장군 윤충(允忠)이 대야성을 공격하여 성주 김품석과 부인 고타소랑을 죽인 것을 크게 꾸짖으며 고타소랑의 죽음에 대한 분풀이를 하였다. 거타소랑은 법민의 누이였다. 이런 모욕을 당하고도 융은 땅에 엎드려 아무 말도 못하였다. 항복한 태자의 서글픈 모습이라 하겠다.

　문사의 탈출과 부여융의 항복은 사비도성을 지키던 군사들을 크게 동요시켰다. 동요하는 군심(軍心)을 다독일 수 없게 된 태는 성문을 열어 항복하였다. 사비도성이 함락된 것이다. 이 소식이 전해지자 웅진성 내부에서도 변란이 일어났다. 웅진성 사수의 책임을 맡은 방령 예식진(예식)이 형 예군과 모의하여 의자왕을 사로잡아 당에 항복한 것이다. 이들은 상황이 어렵게 되자 자신의 살길을 도모한 것이다. 그래서 의자왕은 변변히 싸워 보지도 못하고 포로가 되었다.

　660년 8월 2일 의자왕은 사비성에서 항복의 예를 올렸다. 그 예는 당하의 의자왕이 당상의 태종무열왕과 소정방 및 여러 장수들에게 친히 술을 따라 올리는 것이었다. 이 모습을 본 백제의 군신들은 오열하며 눈물을 흘리지 않은 이가 없었다고 한다. 항복의 예를 올림으로써 백제는 멸망하였다. 온조왕이 기원전 18년에 건국한 이후 678년 만이다.

　660년 9월 소정방은 의자왕과 태자 융, 소왕 효, 연 등 왕자들과 고위 귀족 58명 그리고 백성 12,000명을 포로로 붙잡아 당으로 돌아갔다. 당 고종은 항복의 예를 다시 받은 후 이들의 허물을 모두 용서해 주어 포로의 신분에서 풀려나게 하였다.

　의자왕은 당에 끌려간 그해에 죽었다. 당은 그를 손호(孫晧: 동오의 마지막 황제)와 진숙보(陳叔寶: 진의 마지막 황제) 무덤 곁에 묻고 비를 세워 주었다. 그리고 태자 부여융에게 사농경을 제수하였다. 망국의 왕족에게 일정한 예우를 해준 것이다. 사농경은 사농시(司農寺)의 장관으로서 관품은 종

3품상이었다. 직무는 나라의 창고를 관리하면서 각 관청 관리들의 녹급(祿級)과 비용을 지급하는 것이었다. 이리하여 부여융은 당의 관료로서 생활하게 되었다. 이제부터 그가 살아남는 길은 당 왕조에 충성하는 것뿐이었다.

부흥백제국왕이 된 부여풍

660년 7월 백제는 나·당연합군의 공격으로 멸망하였다. 그러나 8월부터 각 지역에서 부흥군이 일어났다. 대표적인 부흥군 장군은 귀실복신, 승려 도침, 여자진, 흑치상지, 사타상여 등이었다. 이 가운데 중심적인 역할을 한 인물은 복신과 도침이었다. 이들은 임존성(예산 대흥의 봉수산성)을 근거지로 하여 풍달군장 흑치상지와 별부장 사타상여와 손잡고 나·당점령군에 대항하였다.

660년 8월 26일 소정방은 직접 군대를 이끌고 임존성 공격에 나섰다. 부흥군은 험고한 지세를 잘 이용하여 승리를 거두었다. 당나라 군대를 대상으로 한 최초의 큰 승리였다. 이 승리로 부흥군의 사기는 크게 진작되었다. 사람들은 복신을 '좌평 복신'이라 부르며 신무(神武)한 권위로 이미 망한 나라를 일으켰다고 칭송하였다. 각지의 200여 성이 부흥군에 호응하였다. 이리하여 부흥군의 규모는 10여일 만에 3만이나 되었다.

661년 3월 복신과 도침의 부흥군은 사비성에 대한 공격을 단행하였다. 이때 당나라 군대 1천 명을 전멸시켰다. 두 번째의 승리였다. 그러나 웅진강구 전투에서 부흥군은 1만여 명이 물에 빠져 죽거나 전사하는 패배를 당하였다. 이에 도침은 사비성 포위를 풀고 임존성으로 퇴각했다.

이때 신라군은 당군의 요청에 따라 두량윤성(정산 계봉산성)으로 진격하였다. 이리하여 661년 3월에서 4월에 걸쳐 부흥군과 신라군 사이에 치열한 전투가 벌어졌다. 661년 3월 5일 부흥군은 신라 장군 품일이 거느린 일부 군대가 전열을 제대로 정비하지 못한 상황을 타서 기습 작전을 펼쳐 기선을 제압하였다. 3월 12일 부흥군은 신라군의 본진과 두량윤성에서 본격적인 전투를 벌였다. 이 전투에서 부흥군은 신라군을 크게 물리쳤다. 이로 말미암아 신라는 감히 다시 출병할 생각을 하지 못할 정도로 전의를 상실하였다.

661년 당나라 조정은 소정방으로 하여금 고구려를 공격하게 하였다. 이때 당 조정은 백제 고지에 주둔하고 있던 당군에게도 참전하도록 하였다. 그러나 이 공격은 실패하여 소정방은 662년 2월 회군하였다. 이로 말미암아 백제 고지의 당군의 상황은 더 악화되었다. 이에 당나라 조정은 사비성에 주둔하고 있는 장군 유인궤에게 '신라에 들어가 신라에 기대거나 아니면 회군해도 좋다'고 하였다. 당나라 군대의 대다수는 본국으로 돌아가기를 희망하였다. 이 사실을 간파한 도침과 복신은 '철군하면 공격하지 않고 돌아갈 수 있게 해 주겠다'고 제안하였다. 일종의 심리 전술을 구사한 것이다. 그러나 유인궤는 소정방의 고구려 정벌이 실패로 돌아간 상황에서 웅진에 주둔한 군대마저 회군하면 백제가 다시 살아나게 된다는 것, 백제가 다시 살아나면 고구려를 멸망시킬 수 있는 기회는 오지 않으리라는 것 등의 이유를 들어 철군하지 않기로 하였다.

이후 당군은 전열을 새로 정비하여 부흥백제군에 대해 적극적인 공격에 나섰다. 662년 7월 당군은 웅진강 동쪽 지역의 요충지인 지라성(회덕), 급윤성, 대산책, 사정책(대전 사정동산성) 등을 기습 공격하였다. 부흥군은 큰 타격을 입고 이 거점성들을 빼앗겼다. 662년 8월 진현성(대전 흑석리산성) 전투에서 부흥군은 나·당점령군의 기습공격으로 800여명에 달하는 전사자를 내었다. 이후 부흥군은 내사지성(대전 유성산성)을 근거로 하여 신라에 대한 공격을 단행하였지만 또 패배하고 말았다.

이에 복신과 도침은 중심지를 임존성에서 주류성(부안 위금암산성)으로 옮겼다. 그리고 왜에 있던 부여풍을 모셔와 왕으로 옹립하기로 하였다. 부여풍은 의자왕의 아들로서 왕위를 계승할 자격을 가지고 있었을 뿐만 아니라 의자왕의 아들들 모두가 당나라의 포로가 되었기 때문에 그를 대신할 만 왕족이 없었기 때문이다. 그 배경에는 유민들을 결속시키고, 부흥군의 사기를 북돋우어 보다 체계적으로 부흥전쟁을 수행하려는 복신의 목적이 깔려있었다.

복신의 요청을 받아들여 부여풍은 662년 9월 귀국하였다. 복신은 국가 통치와 관련한 모든 권한을 부여풍에게 맡겼다. 수도는 주류성으로 하고, 도침은 영군장군(領軍將軍), 복신은 상잠장군(霜岑將軍)을 칭하였다. 부여풍이 즉위하여 풍왕이 됨으로써 새로운 왕국이 탄생하였다. 이것이 바로 부흥백제국이다. 부흥백제국이 성립함으로써 부흥군 장군들은 풍왕의 신하가 되었고, 부흥군은 끊어진 왕조를 다시 이은 왕국의 군대가 되었다. 이리하여 풍왕은 이제 나·당점령군을 격퇴하고 백제를 재건해야 할 시대적 과제를 짊어지게 되었다.

백강구 전투에서 맞선 풍과 융

부흥백제국 지도부의 내분

부흥백제국의 왕이 된 풍왕은 복신과 도침과 손발을 맞추어 부흥전쟁을 수행하였다. 그러나 얼마 지나지 않아 지도부 사이에 내분이 일어났다. 먼저 복신과 도침 사이에 갈등이 일어났다. 도침이 최고사령관과 같은 행세를 하면서 독단적인 행동을 하였기 때문이다. 갈등이 심화되자 복신은 동지였던 도침을 살해하고 그가 거느린 군대마저 수중에 넣었다. 이제 복신은 최고의 실권자가 되었다. 그에 따라 풍왕의 위상은 흔들리게 되었다.

이후 풍왕은 피성(전북 김제)으로의 천도를 추진하였다. 주류성은 지키기에는 좋은 조건을 가졌지만 농상(農桑)의 땅이 아니어서 장기적으로 버틸 수 있는 형편은 못되었다. 반면에 피성은 땅은 기름지고 생산력이 풍부하였지만 지대가 낮아 지키기 어려운 약점이 있었다. 풍왕은 반대 의견을 뿌리치고 피성 천도를 강행하였다. 그 시기는 662년 12월이었다.

그러나 천도 후 얼마 되지 않아 피성은 위험에 처하게 되었다. 신라가 거열성(거창 거열산성)을 함락하고, 뒤이어 사평성과 사물성을 함락한 후 덕안성(논산 매화산성)까지 진격해 왔기 때문이다. 덕안성은 백제 당시 동방의 방성(方城)으로서 정치적 군사적 요충지였다. 덕안성이 함락됨으로써 왕도인 피성도 신라군의 직접적인 공격권 내에 들어갔다. 풍왕은 하는 수 없이 주류성으로 다시 중심지를 옮겼다. 피성으로 천도한지 불과 2개월만이었다.

피성으로의 천도가 실패로 끝남에 따라 풍왕의 입지는 더욱 좁아지게 되었다. 이에 복신은 군사적 실권뿐만 아니라 정치적 실권까지 장악하여 외교권마저 행사하였다. 복신이 자신의 이름으로 왜에 사신을 보낸 것이 이를 말해 준다. 풍왕은 이제 제사만 주관하는 존재가 되었다. 그 결과 두 사람은 서로 시기하고 의심하여 공존하기 어려운 관계까지 되었다. 이는 부흥전쟁 수행에 최대의 걸림돌이 되었다.

이에 풍왕을 제거하기로 결심한 복신은 거짓으로 병든 채 하고 풍왕이 문병 오는 것을 기회로 잡아 죽이려고 하였다. 그의 음모를 눈치 챈 풍왕은 도리어 병문안을 핑계로 심복을 거느리고 가서 복신을 사로잡아 죽였다. 이로써 복신은 파란만장한 일생을 마치게 되었다. 그 시기는 663년 6월로 추정된다. 그가 부흥군 장군으로 활동한 기간은 2년 9개월이었다.

형제의 대결 : 백강구 전투

복신은 뛰어난 장수[良將]로서 군사들 사이에 신망이 높았고 위엄이 있었다. 그의 죽음은 부흥백제군의 사기를 크게 떨어뜨렸다. 당군의 수뇌부는 이 기회를 이용하여 부흥백제국의 왕도 주류성을 공격하기로 하고 본국에 병력 증파를 요청하였다. 663년 9월 손인사(孫仁師)가 군사 7천명을 거느리고 왔다. 이때 부여융도 함께 왔다. 신라 문무왕은 친히 김유신, 김인문, 죽지 등 28명의 고위 장군들을 거느리고 당군에 합류하였다. 이리하여 나·당연합군의 대대적인 공격이 시작되었다.

나·당연합군의 움직임을 간파한 풍왕은 한편으로는 동요하는 군심을 안정시키면서 한편으로는 긴급히 고구려와 왜에 구원병을 요청하였다. 고구려는 군대를 파견하지 않았다. 당이 고구려가 부흥백제국을 지원하지 못하도록 서북방면에 압력을 가하였기 때문인 것으로 보인다. 반면에 왜는 2만 7천명의 대군을 파견하였다. 이때 왜의 병선은 1천척이나 되었다. 왜가 대군을 파견한 것은 부흥백제국이 멸망하면 그 다음 나·당연합군의 공격대상이 자신이 될 것으로 판단하고 사전에 위험에 대비하기 위해서였다.

왜의 원군이 오자 풍왕은 여러 장수들을 불러놓고 작전을 논의하였다. 풍왕은 나·당연합군이 외곽지역을 먼저 공격한 후 왕도 주류성을 공격할 것으로 판단하고 여러 장수들에게 각자의 지역을 철저히 방비하도록 하였다. 그리고 자신은 왜군과의 합동작전을 하기 위해 백강으로 갔다. 왜군과 합세한 풍왕은 진영을 정비하였다.

한편 웅진성에 모인 문무왕과 당나라 장군들은 작전회의를 개최하였다. 이 회의에 부여융도 참석하였다. 당나라 장군 유인궤는 주류성은 부흥백제국의 심장부이므로 이 성을 함락하면 다른 성들은 자연히 항복해 온다고 판단하고 가림성 보다는 주류성을 먼저 공격할 것을 강력히 제안하였다. 가림성은 험고하여 함락시키는데 시간이 많이 걸리고 또 희생자도 많이 날 것이라고 판단하였기 때문이다. 나·당연합군 수뇌부는 유인궤의 제안을 받아들였다. 이는 풍왕의 의표를 찌른 작전이었다.

주류성을 먼저 공격하기로 나·당엽한군은 공격부대를 수군과 육군으로 편성하였다. 육군은 손인사, 유인원이 거느리는 당군과 문무왕이 이끄는 신라군으로 편성하였다. 수군은 유인궤, 두상, 부여융이 지휘하였다. 이리하여 부여융은 당나라 수군 지휘관으로서 부흥군을 평정하는 일에 앞장서게 되었다.

663년 8월 17일 부여융은 유인궤 등과 함께 수군과 군선을 이끌고 웅진강에서 백강으로 향하여 나아갔다. 부여융의 작전은 육군과 합세한 후 주류성으로 함께 진격하는 것이었다. 그러나 당의 수군은 백강구에서 백제와 왜 연합수군과 맞닥뜨렸다. 이리하여 백강구 전투가 벌어졌다.

1차 전투는 8월 27일에 벌어졌다. 이 전투에서 왜군이 입은 타격이 좀 더 컸지만 승패는 가리지 못했다. 제2차 전투는 8월 28일에 벌어졌다. 이

금강 하구(백강구)의 모습(경북문화재연구원)

전투는 왜 수군의 본진과 당나라 수군 사이의 전투였다. 양군은 4차례 접전하였다. 이때 제·왜연합군은 기상을 고려하지 않은 채 무모하게 당나라 수군을 공격하였다. 이 지역의 바닷길과 기상변화를 잘 안다는 자만심에서였다. 그러나 도리어 당나라 수군의 화공을 받아 전선 400척이 불타버리는 대패를 당하였다. 중국 측 사서에 '연기와 화염이 하늘을 가렸다(煙焰漲天)'느니 '바닷물이 모두 붉게 되었다(海水皆赤)'느니 하는 표현은 무수한 왜선이 불타는 모습을 잘 보여준다. 이리하여 형제의 대결은 풍왕의 패배로 끝나고 말았다.

부여풍과 부여융의 대비되는 삶

고구려 망명 후에도 백제 부흥을 도모한 부여풍

663년 8월 백강구 전투에서 패배한 풍왕은 측근 몇 사람과 피신하기로 했다. 항복보다는 차라리 망명을 택한 것이다. 그가 피신할 곳은 고구려밖에 없었다. 피신할 당시 그는 보검도 제대로 챙기지 못하였다. 그만큼 상황이 급박하였던 것이다. 풍왕은 급하게 말을 몰아 배가 있는 곳까지 가서 해로를 통해 고구려로 들어갔다. 풍왕이 피신해 오자 고구려는 그를 망명객으로 받아들였다. 그를 부흥백제국왕으로서 일정하게 대접을 한 것이다.

이때 왕도 주류성은 부여충승과 부여충지가 지키고 있었다. 충승과 충지는 풍왕의 숙부였다. 8월 13일 이들은 주류성 밖으로 나와 문무왕을 총사령관으로 하는 나·당연합군과 대결하였지만 승기를 잡지 못한 채 성안으로 들어왔다. 그후 8월 28일 백강구 전투에서 제·왜연합군이 패배하였는 소식이 주류성에 전해졌다. 이에 충격을 받은 충승과 충지는 더 이상 싸울 기운을 잃고 주류성을 나와 신라군에게 항복하였다.

한편 이 시기 부흥백제국의 중요한 거점성의 하나가 임존성이었다. 임존성을 지키는 장수는 지수신이었다. 그는 풍왕이 고구려로 피신하고 부여충승과 부여충지가 신라군에 항복하였음에도 불구하고 꿋꿋하게 임존성을 지키고 있었다. 임존성이 항복하지 않자 당군은 임존성 군사들의 마음을 흔들기 위한 계책으로 흑치상지를 앞세웠다. 흑치상지는 초기에는 부흥군의 장군으로서 복신과 함께 임존성에서 당나라 군대를 물리친 공을 세웠지만, 그 후 당군에 항복한 후 그 앞잡이가 되었다. 그는 임존성에 나아가 항복을 권유하였다. 지원군도 없이 외롭게 싸우고 있던 부흥군은 흑치상지의 회유로 마음이 흔들렸다. 흔들리는 군심을 다잡을 수 없게 된 지수신은 더 이상 버티기 어렵게 되자 처자를 버리고 고구려로 피신하였다. 항복보다는 망명의 길을 택하였던 것이다. 가족보다도, 자기 목숨을 지키는 것보다도 후일을 도모하려는 것이 먼저였다. 이는 풍왕의 경우와 동일하다고 하겠다.

고구려로 망명한 풍왕과 지수신이 만났는지의 여부는 자료가 없어 분명히 하기 어렵다. 그렇지만 두 사람 모두 당군에 항복하지 않고 망명해 왔다는 사실과 두 사람이 군신관계에 있었다는 사실 등에서 미루어 풍왕은 지수신을 만났을 가능성이 크다. 그렇다면 두 사람은 고구려에 망명해 와서도 부흥백제국을 재건할 일을 함께 논의하지 않았을까 한다.

부흥백제국을 재건하려는 풍왕의 노력은 여기에서 끝나지 않았다. 한 걸음 더 나아가 풍왕은 왜에 있는 부여용(扶餘勇)과 연락을 취하였다. 부여용은 풍왕과 형제였다. 그도 처음에는 풍왕을 도와 부흥 전쟁에 참여하고 있었다. 백강구 전투에서 제·왜연합군이 패하고 뒤이어 주류성이 함락되자 그는 퇴각하는 왜군과 함께 왜로 들어갔다. 부여용도 항복보다는 망명을 택한 것이다. 왜는 풍왕과 형제인 부여용을 일정하게 대접하였다.

부여용과 연결을 가진 풍왕은 백제를 다시 일으킬 것을 도모하였다. 그 방법은 풍왕은 고구려를, 부여용은 왜를 설득해서 고구려와 왜로 하여금 나·당연합군을 공격하도록 하려는 것이 아니었을까 한다. 부흥백제국이 궤멸된 상황에서 또 망명객이라는 처지에서 이들이 현실적으로 택할 수 있는 방법은 이 방법밖에 없었을 것이다. 그러나 구체적인 내용은 자료가 없어 알 수 없다.

부흥백제국을 진압한 나·당연합군은 668년 고구려를 공격하여 멸망시켰다. 당나라 장군 이적(李勣)은 3만 8천여 호나 되는 고구려 포로들을 이끌고 귀환하였다. 이때 부여풍도 당군에 포로로 잡혀 당으로 끌려갔다. 이후 그가 어디서 어떻게 살았는지는 알 수 없다. 그렇지만 그는 포로의 신세였기 때문에 또 부흥백제국의 왕으로서 당나라에 저항하였기 때문에 비참하고도 쓸쓸한 죽음을 맞이하였을 것이다. 이는 부여용이 당나라 고위 관료로서 영달한 것과는 극명하게 대조된다.

당의 괴뢰가 된 웅진도독 부여융

663년 9월 백강구 전투에서 당나라 수군을 지휘한 부여융은 풍왕이 지휘하는 제·왜연합수군을 격파하는데 공을 세웠다. 그 후 부여융은 회군하는 당군을 따라 당으로 돌아갔다.

주류성이 함락된 이후에도 백제 유민들의 저항은 만만치 않았다. 여기에 더하여 신라가 백제 고지를 차츰 차지해 가고 있었다. 이에 당나라 장군 유인궤는 부여융을 웅진도독부로 보내줄 것을 요청하였다. 백제유민을 안무하면서 동시에 백제고지에 대한 신라의 연고권 주장을 봉쇄하기 위해서였다.

664년 10월 부여융은 웅진도위(熊津都尉)의 직함으로 웅진도독부로 왔다. 이해 12월 웅진도독인 장군 유인원(劉仁願)은 신라에 압박을 가하여 서맹(誓盟)을 하도록 하였다. 맹세의 목적은 부여융이 지배하는 지역과 신라가 지배하는 지역을 획정하는 것이었다. 서맹의 주체는 웅진도위 부여융과 신라 장군 김인문(金仁問)이었고, 서맹 장소는 웅령(熊嶺)이었다.

이후 당은 유인원을 본국으로 불러들이는 대신 부여융에게 웅진도독을 맡기기로 하였다. 그에 앞서 665년 8월 당은 유인궤의 주재 하에 웅진도독 부여융과 신라 문무왕으로 하여금 회맹하도록 하였다. 맹약의 핵심은 '획계입봉(畫界立封)', 즉 백제 옛 땅을 웅진도독부 관할 지역과 신라 영역으로 나누고 이를 각자가 존중하면서 영원히 우호를 도모하고 각자의 백성들이 편안히 생업에 종사할 수 있게 하자는 것이었다. 맹약문은 유인궤가 작성하였고, 맹약의 장소는 취리산이었다.

취리산 서맹 직후 당나라 장군 유인원 일행은 당으로 돌아갔다. 그러자 신라는 웅진도독부에 대한 압박을 더욱 강화하였다. 부여융은 신라의 압박을 더 이상 견디어내지 못해 당으로 돌아갔다. 이후 부여융은 당 고종이 태산에서 봉선제(하늘과 땅에 드리는 제사)를 올릴 때 참석하였다.

668년 당과 신라는 고구려를 멸망시켰다. 이후 신라와 당 사이에는 백제의 옛 땅을 둘러싸고 갈등을 일으켰다. 671년 신라는 사비성(泗沘城)을 소부리주(所夫里州)로 편제하여 지배권을 강화하였다. 이에 당은 677년에 부여융을 광록대부 태상원외경 겸 웅진도독 대방군왕(光綠大夫太常員外卿兼熊津都督帶方郡王)으로 삼아 웅진도독부로 가도록 하였다. 그러나 신라의 방해로 그는 임지로 가지 못했다. 682년 부여융은 68세를 일기로 집에서 사망하였다. 12월 24일 그는 낙양의 북망 청선리에 묻혔다. 당나라 조정에서는 보국대장군(輔國大將軍)을 추증하고 시호를 내렸다.

1920년에 중국 낙양의 북망에서 <부여융묘지명>이 출토되었다. 여기에는 부여융이 665년 말과 666년 정월에 당 고종을 따라 태산 봉선에 참여한 사실과 이후 대방군왕에 봉해진 것 등이 나온다. 본 비문은 이민족으로 당에 투항하여 충성한 그의 활동을 진나라의 유여(由余)와 한나라의 김일제(金日磾)에 빗대서 기록했다.

2004년 봄 중국 섬서성 부평현 여촌향에서 <태비부여씨묘지명(太妃扶餘氏墓誌銘)>이 발굴되었다. 뚜껑돌 윗면에 '당고괵왕비부여지명(唐故虢王妃扶餘誌銘'이 새겨져 있다. 묘지명이 만들어진 시기는 당 현종 개원 26년(738) 11월 15일이었다.

부여융묘지명(좌)과 태비 부여씨묘지명(김영관 교수)

　　태비 부여씨는 690년 백제 의자왕의 손자인 부여덕장(扶餘德璋)의 장녀로 태어났다. 그녀는 711년에 당의 황족인 사괵왕 이옹(李邕)의 두 번째 부인이 되었고, 718년에 사괵왕비(嗣虢王妃)로 책봉되었다. 731년에는 아들이거(李巨)가 이옹의 뒤를 이어 사괵왕이 되자 태비(太妃)로 책봉되었다.

　　부여씨 태비의 계보는 증조 의자왕에서 시작된다. 할아버지 부여융은 대방군왕으로 책봉되었다. 아버지 부여덕장의 벼슬은 기록되어 있지 않지만 딸이 사괵왕 이옹에게 시집간 사실 등에서 미루어 고위관직을 역임했을 가능성이 높다. 덕장의 다른 한 딸은 혹리(酷吏) 길온(吉溫)의 어머니가 되었다. 덕장의 외손은 사괵왕의 작위를 이었다. <태비부여씨묘지명>은 부여융과 그의 후손이 4대에 걸쳐 당나라에서 영달의 삶을 살았음을 보여준다.

부여풍을 높이 평가하고 기리자

부여풍과 부여융의 삶에 대한 단재의 평

1910년 대한제국이 망하고 조선이 일제의 지배하에 들어가자 국내에서, 국외에서 많은 독립운동이 일어났다. 독립지사 중의 한 분이 단재 신채호 선생이다. 단재는 독립운동의 일환으로 우리 역사를 통해 민족정신과 독립정신을 드높이고자 하였다. 이 과정에서 백제부흥운동에도 주목한 단재는 부여융, 부여풍 그리고 흑치상지에 다음과 같이 평하였다.

단재 신채호 선생

부여융은 당의 노예가 되어 그 지휘를 받아 서백제(西百濟: 부흥백제국)를 쳤다. 백제중흥의 대업을 이같이 창피하게 만든 자는 곧 부여풍 – 상좌평 부여복신을 죽인 부여풍이니, 부여풍은 곧 중흥하는 백제를 멸망시킨 첫째가는 죄인이다. 풍이 비록 죄인이지마는 풍이 약하다고 하여 백제를 배반하고 당의 노예가 된 흑치상지도 곧 백제를 멸망시킨 둘째가는 죄인이다. 전사(前史)에는 오직 당서의 포폄(褒貶)에 따라 흑치상지를 몹시 찬미하였으니 이 어찌 어리석은 아이의 붓장난이 아니냐?

이처럼 단재는 부여융을 당의 노예라고 한 평하였다. 부여융은 당군에 항복한 후 당의 장수로서 부흥백제군을 공격하고, 당의 관료로서 웅진도독이 되어 백제유민의 항쟁 정신을 꺾었다. 당에 들어가 고위 관료로서 영달의 삶을 살았다. 백제를 부흥시켜야 한다는 대의에서 볼 때 부여융은 당의 노예라고 한 단재의 평은 정당하다.

흑치상지에 대해 단재는 백제를 배반하고 당의 노예가 되어 백제를 멸망시킨 제2의 죄인이라 평하였다. 흑치상지는 초기에는 복신, 도침과 힘을 합쳐 당과 싸웠지만 뒤에는 당의 앞잡이가 되어 부흥군을 공격하고 또 임존성을 함락시키는데 결정적인 역할을 하였다. 백제부흥이라는 대의에서 볼 때 단재의 평은 정당하다.

한편 단재는 부여풍에 대해 중흥하는 백제를 멸망시킨 첫째가는 죄인이라고 평하였다. 단재의 혹평은 의병을 일으킨 복신에 기준을 둔 것이다. 그래서 복신을 죽인 부여풍을 백제를 멸망시킨 첫째가는 죄인이라고 평하였던 것이다. 부여풍이 지도부의 내분을 해결하지 못하고 복신을 죽여 부흥군의 힘을 약화시키고 사기를 떨어뜨린 것은 분명 잘못이다. 이점에서는 단재의 평은 타당하다.

그렇지만 부여풍은 끝까지 당에 항복하지 않고 백제 부흥운동을 멈추지 않았다. 고구려로 망명한 이후에도 그는 왜에 있는 부여용과 연락하며 백제 부흥을 도모하였다. 이런 점은 높이 평가하여야 할 것이다. 이는 부여융과 흑치상지가 당에 항복하여 앞잡이가 된 것과는 차원이 다르기 때문이다. 필자는 부여풍에 대한 단재의 평에 다음과 같은 사족을 달고자 한다.

"그럼에도 부여풍은 당에 항복하지 않고 처음부터 끝까지 백제의 부흥을 위해 온 몸을 던졌느라"고.

부여풍, 복신, 도침, 지수신을 기리자

근래에 와서 당의 괴뢰가 된 웅진도독 부여융의 활동을 미화하는 일들이 일어나고 있다. 학계의 일부 연구자들은 당이 설치한 웅진도독부의 도독이 된 부여융과 당에 항복하여 부흥군을 진압하는데 앞장을 서고 또 웅진도독부에 몸을 담은 흑치상지를 마치 백제해방운동을 한 것처럼 보고 있는 것이 그것이다. 그러나 단재가 이미 평하였듯이 부여융과 흑치상지는 '당의 노예'였다. 따라서 그들에 대한 미화는 더 이상 언급할 가치조차 없다. 그들을 미화하는 것은 일제강점기에 조선총독부에 근무한 조선 사람들을 독립운동가로 평하는 것과 마찬가지이다. 단재의 표현대로라면 '어찌 어리석은 아이의 붓장난이 아니냐'이다.

학계 일부의 이런 움직임과 연동하여 부여군이 부여 능산리 능묘 구역에 의자왕과 부여융의 단(壇: 묘단)를 만들었다. 일종의 허묘인 것이다. 왕실 능묘구역에 부여융의 묘단 설치는 당의 앞잡이가 된 부여융의 활동에 면죄부를 주는 것이다. 부여융이 면죄부를 받고 화려하게 부활하면 할수록 백제 부흥을 위해 몸 바친 부여풍의 설 자리를 없어지게 한다. 이는 주객이 전도된 것이다.

우리 역사에서 점령군이 엄연히 있는데도 불구하고 부흥군을 일으키고 멸망한 국가를 다시 세운 것은 백제부흥군과 부흥백제국이 유일하다. 부흥

부여 능산리 부여융의 단(壇)과 단비(壇碑)

백제국의 성립은 부흥군의 저항정신과 독립정신의 결정체인 것이다. 이러한 정신을 몸으로 보여준 사람들이 바로 부흥군을 이끈 부여풍, 복신, 도침, 지수신 등이었다.

　부흥군 가운데 복신과 도침은 부여군 은산면의 은산별신제에서 제향의 대상이 되고 있다. 별신사당에는 복신장군과 토진(도침)대사의 영정이 모셔져 있다. 그러나 부여풍과 지수신을 모시는 사당은 어디에도 없고 제향을 드리는 행사는 하나도 없다. 이제라도 늦지 않으니 문화재청과 충청남도와 부여군은 부여풍과 지수신을 모시는 방도를 찾아야 할 것이다.

은산 별신당(상)과 복신장군(하좌) 토진대사

그 방법으로는 여러 가지를 생각해 볼 수 있다. 복신과 도침을 모시는 은산별신제에 부여풍과 지수신도 합사(合祀)하는 방법도 있다. 성충, 흥수, 계백을 모시는 삼충사(三忠祠)에 부여풍과 복신, 도침을 모시는 방법도 적극 검토해 볼 수 있다. 부여풍, 복신, 도침, 지수신을 모시는 별도의 사당을 건립하는 것도 검토할 필요가 있다. 능산리 능묘 구역에 부여융 대신 부여풍의 묘단을 만드는 것도 적극 검토할 필요가 있다. 백제의 부흥을 위해 온몸을 던진 이들의 정신이야말로 오늘날 우리들이 가슴에 새기고 이어가야 할 정신이기 때문이다.

백제 부흥운동의 중심지
주류성

심 정 보

한밭대학교 명예교수

백제부흥군의 봉기

　　　　　　　　백제는 나당연합군에 의하여 660년 7월 18일 멸망하였으나 백제유민들이 중심이 되어 동아시아 국가들이 개입한 백제부흥전쟁으로 전개하여 백제 왕통(王統)을 회복하고 4년 가까이 항쟁하였던 불굴의 역사를 남기고 있다. 백제의 중앙군이 쉽게 무너진 데 반하여 지방의 백제부흥군은 곧바로 봉기하여 나·당군을 초략하기 시작하였다. 『삼국사기』에는 일찍이 남잠(부여 금성산), 정현(진현성) 등지의 성에서 백제유민이 궐기하고 있으며, 두시원악(두량윤성)에서는 좌평 정무가 백제부흥군을 일으켰음을 기록하고 있고, 『일본서기』에는 서부 은솔 귀실복신이 임사리산(임존성)에 웅거하고, 달솔 여자진은 중부 구마노리성(웅진성)에 웅거하여 각각 한 곳에 진을 치고 흩어진 군졸을 불러모았다고 기록하였다. 〈당유인원기공비〉에는 임존성에서 귀실복신, 승려 도침, 흑치상지 등이 세력을 규합하여 나당군을 공격하기 시작하였음을 기록하고 있다.

　『삼국사기』 흑치상지전에는 백제부흥군을 일으키게 된 원인이 수록되어 있는데, 소정방이 백제를 평정하자 소속된 부를 이끌고 항복하였으나, 소정방이 늙은 왕을 가두고 군사를 풀어놓아 크게 약탈하여 장정으로 살육된 사람들이 많게 되자. 이에 흑치상지가 두려워서 측근인 추장 10여인과 봉기하여 임존성에 의거하자 열흘만에 3만여명이 모여들었다고 한다.

이에 소정방은 나·당군을 동원하여 600년 8월 26일에 임존성을 공격하였지만 실패하고 말았으며, 9월 3일에는 유인원이 거느리는 1만의 당병과, 김인태 휘하의 신라군 7천으로 사비성을 지키게 하고 소정방 자신은 의자왕 및 왕족과 신하 93인과 백성 12,000인을 포로로 하여 사비에서 뱃길로 철수하고 말았다. 소정방이 급히 당으로 귀환한 것은 의자왕 등 구심점을 제거하여 부흥운동을 조기에 진압시키려는 고도의 전술에 의한 것이라고 하겠다.

<당유인원기공비>에서 복신과 도침이 임존성에서 거병하여 점차 중부로 진입하고 있다는 사실은 소정방이 이끈 나당군을 격퇴한 후 자신감을 갖게 된 백제부흥군이 사비도성을 회복하기 위한 전략상의 조치임을 파악할 수 있다. 그리하여 복신은 10월에 좌평 귀지 등을 왜에 보내어 당이 의자왕 등 군신을 잡아갔음을 알리고 왜군의 출병과 함께 당시 왜에 머물고 있던 왕자 풍을 맞이하여 국왕으로 삼겠다고 하여 왕자 풍의 귀국을 요청하게 되었다.

백제부흥군은 사비 남령 등 사비 부근의 4곳에 성을 쌓고 곧 사비성을 포위하여, 이들 나당 진수군을 공격하였으니, 이때 20여성이 이에 호응하고 있다. 이것으로 볼 때 나당 진수군은 사비성만을 고수하고 있을 뿐으로, 여타지역에 대하여서는 나당군의 영향력이 미치지 못하고 있었음을 알 수 있다.

당시 삼년산성에서 머물고 있었던 무열왕은 이와 같은 백제부흥군의 공격으로부터 이들을 구하고자 10월 9일 친히 태자와 모든 군대를 이끌고 회군하여 10월 18일에 중도에서 이례성(논산 노성산성)을 함락시키니, 백제 부흥군에 호응하고 있던 20여 성이 항복하고 말았다. 이 때 무열왕은 계속하여 사비 남령(부여 금성산)과 왕흥사 잠성(부여 울성산성)을 공격하여 함락시킴으로서, 사비성의 나당 진수군은 위기에서 벗어나게 되었다.

백제유민들의 활동이 가장 활발하게 전개되었던 주요거점은 임존성, 두량윤성, 주류성(周留城)이다. 임존성과 두량윤성은 백제부흥군의 초기 봉기처이며 각기 당군과 신라의 대군을 물리친 전황이 있어 국내외 사서에 등장하고 있으나, 주류성은 백제부흥군의 운용상 요충지로 부각되어 본진을 임존성에서 옮기게 되면서 주목을 받게 된 주요 거점이라 하겠다. 이 주류성은 『일본서기』에서 백제부흥군의 왕성(王城)으로 칭하여지기도 하여 가장 많은 연구 대상으로 부각되었다. 『삼국사기』「백제본기」와 「신라본기」 및 중국사서에서 칭하는 주류성은 『삼국사기』 김유신전에서는 두율성(豆率城)이라 수록되어 있으며, 『일본서기』에서는 주유성(州柔城)이라 기록하고 있다. 주류성에 대한 위치비정은 서천(한산)설, 부안설, 홍성설, 연기설, 부여군 충화설 등으로 일치를 보지 못하고 있는데, 이러한 여러 학설이 대두하게 된 것은 661년 사비성의 위기 해소와 관련된 두량윤성 전투와 웅진부성의 당군의 고립을 해소하기 위한 주류성 전투를 동일 전투 및 동일지명으로 혼동한 것과, 663년 주류성 공격 시에 웅진강(熊津江) 및 백강(白江)의 위치에 대한 혼동에서 야기된 것이다.

주류성과 두량(릉)윤성은 별개의 지명이다

661년 2월에 백제부흥군이 유인원 등 나당군이 주둔하고 있는 사비성을 포위하고 공격하자 당에서는 웅진도독으로 왕문도를 파견하게 되는데, 부임하던 왕문도가 660년 9월 28일에 삼년산성에서 태종무열왕에게 조서를 전하는 과정에서 갑자기 사망하는 바람에 유인궤를 출병시키면서 신라에 원군을 요청하여 지름길로 신속하게 구원토록 하고 있다.

이때 백제부흥군은 본진을 임존성에서 주류성으로 옮겼다. 백제부흥군이 본진을 임존성에서 주류성으로 옮기게 된 것은, 주류성이 금강과 가까운 거리에 위치하고 있어 금강을 통하여 사비 및 웅진으로 유입되는 당의 원군을 적극적으로 차단하려는 의지가 담겨있으며, 또한 수로를 이용하여 왜 및 고구려와의 통교를 더욱 긴밀하게 전개하기 위함이었다.

백제부흥군으로서는 사비부성에 주둔하고 있는 나당진수군을 물리치는 것이 백제를 다시 회복하는 것이 되기 때문에 이를 함락시키는 것이 가장 급선무라고 하겠다. 임존성에서의 승리한 여세로 나당군의 수뇌부가 있는 이 사비성을 공격하는 것은 어쩌면 당연한 것이기도 하다. 나당연합군 측에서도 사비성의 함락은 백제를 다시 포기하는 것이기에 용인할 수 없었을 것이다. 그리하여, 당은 다시 유인궤를 파견하게 되었고, 백제부흥군으로서는 사비성을 고립시키기 위해서 결사적으로 이를 저지하여야 할 입장이었다.

왕문도의 후임으로 부임하게 된 유인궤는 『자치통감』에 의하면 백제 토벌 시에 청주자사로 출병하게 되어 바다 건너 군량을 운반하는 책임을 맡았으나 시일을 어겨 의부(義府)로부터 독촉을 받았고, 또한 풍랑을 만나 선박을 잃고 많은 익사자를 내는 바람에 백의종군을 하고 있었는데, 이때 왕문도가 삼년산성에서 급사하고 사비성의 군진에 머무르고 있는 당군이 위기에 처하게 되자, 유인궤를 임시직인 검교대방주자사로 삼아 구원케 하였던 것이다.

유인궤의 도착 시점에 대해서는 확실하지 않다. 다만 유인궤가 "지름길로 신라군을 출동시켰다."고 한 신라군이 출병한 시점이 661년 2월인 것을 보면 유인궤는 늦어도 661년 2월중에는 도착하여 있음을 짐작할 수 있다.

당군의 요청으로 신라는 661년 2월에 태종무열왕이 이찬 품일(品一)을 대당장군으로 삼고 잡찬 문왕(文王)과 대아찬 양도(良圖)와 아찬 충상(忠常) 등으로 보좌하게 하고, 잡찬 문충(文忠)을 상주장군으로 삼고 아찬 진왕(眞王)으로 보좌하게 하였으며, 아찬 의복(義服)을 하주장군으로 삼고 무훌(武欻)·욱천(旭川) 등을 남천대감으로 삼았으며 문품(文品)을 서당장군으로 삼고 의광(義光)을 낭당장군으로 삼아 사비성으로 가서 구원하도록 명하였다.

백제부흥군은 유인궤가 이끄는 당나라 원군의 진입을 막기 위하여 금강 어귀에 2개의 목책을 세우고 방어하였으나 패하여 1만명의 전사자를 내고 임존성으로 후퇴하고 있다.

백제부흥군을 이끈 지휘자에 대해서는 『구당서』와 『자치통감』은 웅진강구에 목책을 세우고 유인궤군의 원군을 저지한 백제부흥군을 도침이 지휘한 것으로 수록하고 있으며, 『신당서』와 「백제본기」에는 그 주체를 복신으로 기록하고 있다.

그러나 661년 10월 이후에 있었던 주류성전투에서 복신이 주도적으로 활약하고 있고, 이 전투 이후 남방의 여러 성이 복신에게 귀속하게 되었다고 기록하고 있는 것으로 보아 대체로 복신은 금강 입구에서 유인궤군의 진입을 저지하고 도침은 사비성을 포위 공격하여 유인궤군과 사비부성의 진수군이 합세하는 것을 막으려고 하였던 것으로 파악된다. 그리고 복신은 웅진강구에서의 유인궤군 저지에 실패한 후 가까운 거리에 위치하고 있는 주류성으로 들어가 지키고, 도침은 후퇴하여 임존성을 지키게 되었다.

「백제본기」와 『구당서』, 『자치통감』에는 당의 유인궤군과 신라군이 함께 웅진강구에서 백제부흥군을 물리치고 있는 것으로 나타나고 있지만, 신라군을 지휘한 장수가 누락되어 있는데 반하여, 「신라본기」에는 웅진강구 전투에 대한 기록이 전혀 나타나지 않고 있으며, 독자적으로 두량윤성을 공격하고 있었음을 수록하고 있다. 661년 2월 당군의 요청으로 출동한 품일 등 11장수는 웅진강구에서 유인궤군의 진입을 돕고 사비성의 고립을 해소시키는 것이 주 목적이었다.

품일은 웅진강구 전투를 수행하는 과정에서 선발대로 소수의 병력을 보내어 두량윤성을 공격토록 하였다. 3월 5일 신라군 선발대는 군영을 설치할 장소를 물색하느라 진영이 정돈되지 않은 것을 바라보고 있었던 백제부흥군의 기습공격에 대패하여 달아나고 말았다.

품일이 이끄는 신라군이 웅진강구에서 백제부흥군의 저항을 물리치고 두량윤성을 공격하기 위하여 이동한 것이 3월 12일이며, 대군을 동원하여 고사비성(古沙沘城) 밖에 진영을 설치하고 한달 엿새 동안 두량윤성을 대대적으로 공격하였으나 이기지 못하고 신라로 철군하고 말았다. 사비성의 위기를 해소할 목적으로 출동한 신라군이 두량윤성을 공격하게 된 것은 이 성이 사비성을 압박할 수 있는 유리한 요충지에 해당하기 때문이라고 하겠다.

고사비성(古沙比城)은 대부분 전북 고부에 비정되는 고사부리성으로 인식하고 있으나, 이 고사부리성 밖에 군영을 설치하고 충남 정산에 비정되는 두량윤성을 공격한다는 것은 너무 먼 거리로 이치에 맞지 않는다고 하겠다. 특히 사비성에 고립되어 있는 나당 진수군을 구원하기 위하여 출동하였는데 고사부리성에 군영을 설치한다는 것은 납득하기 어렵다. 고사부리성과 두량윤성 사이에는 동진강과 금강이 가로막고 있으므로 신라군이 고사부리성 밖의 진영에서 출발하여 이 두 강을 도강하여 두량윤성을 공격한다는 것은 비현실적이라고 하겠다. 따라서 「신라본기」에 기록된 고사비성(古沙沘城)은 백제도성으로서의 기능이 상실된 '옛 사비성'의 한자 표기인 고사비성(古泗沘城)의 오기로 보는 것이 타당하다고 하겠다.

신라군의 이 두량윤성에 대한 공격은 실패하고 말았다. 그런데도 「신라본기」에 당군과 함께 웅진강구에서 백제부흥군을 물리친 전투기사는 싣지 않고 두량윤성을 공격하는 기사만 수록한 것은 두량윤성 전투에서의 패전이 신라측으로서는 상당히 충격적인 사실로 받아들일 수밖에 없는 사건이었기에 웅진강구 전투보다 부각시키게 된 것으로 파악된다.

품일 등 11장수가 출동한 신라군을 물리쳐 충격에 빠뜨린 백제부흥군의 장수는 누구였을까? 복신과 도침이 웅진강구 전투에서 패한 후에 각각 주류성과 임존성으로 물러나 지키고 있는 것으로 보아 두량윤성에서 신라의 대군을 맞아 싸운 지휘자는 일찍이 이곳에서 부흥군을 일으킨 바 있는 좌평 정무일 것으로 파악된다. 좌평 정무는 웅진강구에서의 패전으로 백제부흥군의 사기가 저하되어 자칫 붕괴위기에 까지 갈 수 있었던 상황에서 품일 등 11장수가 지휘하는 신라의 대군을 물리침으로서 전세를 삽시간에 역전시키고, 퇴각하는 신라군을 중도에서 대패시키는 전승을 이끌어 내는 큰 전과를 세운 것이라 하겠다.

이 두량윤성의 위치에 대하여서는 『삼국사기』지리지4 백제조에, "열기현은 일설에는 두릉윤성이라 하고, 두관성이라고도 하고, 윤성이라고도 한다."고 하고, 『삼국사기』 지리지3에는, "열성현은 본래 백제의 열기현으로 경덕왕때 지명을 고쳤으니 지금의 정산현이다."라고 하여, 백제의 열기현은 두릉윤성이라고도 하는데 경덕왕때 정산으로 지명을 고쳐 현재까지 내려오고 있음을 알 수 있다. 또한, 『세종실록지리지』충청도 공주목 정산현조에는, "계봉산석성은 현의 동쪽 5리에 있는데, 둘레는 160보이며 조금 험하다. 안에 우물이 하나 있는데 겨울이나 여름에도 마르지 않는다. 군창이 있다."고 하고, 1872년 「정산현고지도」에는 계봉산성을 '두능성'이라 표기하고 있어 두릉윤성을 일찍이 정산의 계봉산성에 비정한 바 있다. 계봉산성은 충남 청양군 정산면 백곡리와 목면 지곡리에 위치하고 있으며, 표고 210m인 계봉산 정상부에 테뫼식으로 돌린 석축산성이다. 험준한 지형을 이용하여 내탁공법으로 축조한 이 성의 둘레는 550m정도이고, 서남벽의 성벽 잔존높이는 6m에 달하며, 성내 서남부에는 높은 대지가 있는데 시계가 매우 양호하여 공주-청양간의 도로가 내려다보이고 있다.

한편, 계봉산성에서 분기된 능선의 서남쪽 봉우리에 백곡리산성(해발 85m내외)이 입지하고 있으며, 둘레는 약 504m, 잔존높이는 3.1m로 토축부를 먼저 구축한 후 외면에 석축하여 방어력을 높이고 있는데, 이 백곡리산성에 대해서 공주대 박물관에서 발굴조사 한 결과 22기의 백제시대 수혈주거지와 이를 일부 파괴하고 굴착한 수혈유구 491기가 확인되었다. 이 수혈유구는 백제 멸망 후 백제부흥군이 두량윤성에서 봉기할 시에 집결한 백제 유민의 임시 거처였으며, 신라군의 침공 시에는 함정으로도 기능하였을 것으로 파악된다.

또한, 고대 이정표에 의하면 이 정산에서 부여까지는 30리의 거리이며, 공주까지가 50리로서 백제부흥군이 이 산성을 중심으로 사비성에 대한 공세를 감행하였음을 파악할 수 있다.

한편, 『자치통감』에는 661년에 웅진성에 주둔하고 있었던 당나라 유인궤가 무리가 적으므로 유인원군과 합군하고 군사들을 휴식시키며 황제에게 표문을 올려 신라군을 출병토록 요청함으로 신라 무열왕이 조칙을 받고 장수 김흠(金欽)을 보내어 군사들을 거느리고 인궤 등을 구원하려고 고사(古泗)에 이르렀으나 복신이 지휘하는 백제부흥군이 급하게 공격하여 패하게 되었다는 내용이 압축되어 수록되어 있다. 그리고 문무왕 11년 당나라 장수 설인귀가 보낸 문서에 대한 왕의 답서인 〈문무왕보서〉에는 661년 웅진성에 주둔하고 있었던 당군 1천명이 웅진강(금강) 동쪽에서 세력을 뻗치고 있는 백제부흥군을 공격하다가 전멸한 후 신라에 원군을 요청함에 전염병이 창궐함에도 불구하고 군사를 일으켜 주류성(周留城)을 포위하였으나 군사가 적은 것을 알고 백제부흥군이 즉시 공격하여 군마를 크게 손실하고 철수한 내용이 수록되어 있어, 『자치통감』과 〈문무왕보서〉의 내용이 같은 주류성전투 사실을 다르게 표현한 것임을 파악할 수 있다.

그런데, 『자치통감』에 실린 내용이 661년 3월조에 덧붙여 기록되어 있기 때문에 〈문무왕보서〉 내용과 함께 두 문헌의 내용을 합성하여 661년 당나라의 청병으로 출동한 김흠이 거느린 신라군이 주류성을 공격하기 위하여 고사(古泗)에 이르자 군사가 적은 것을 알고 백제부흥군이 즉시 공격하여 패하게 되었다고 인지하고, 661년 3월 5일에 품일장군이 사비성에 주둔하고 있었던 나당군의 위기를 해소하기 위하여 군사를 나누어 선발대를 고사비성(古沙比城)에 보내어 두릉윤성을 공격하게 하였는데 신라군의 진영이 정돈되지 않은 것을 바라보고 있었던 백제부흥군의 기습공격에 의하여 대패한 바 있었던 사실을 결부시켜 두량윤성과 주류성이 동일지명이라고 혼동하게 된 것이다.

'고사비성(古沙比城)'과 '고사(古泗)'는 모두 '옛 사비성'의 뜻을 가진 한자어 '고사비성(古泗沘城)'으로 파악된다. '古泗沘城'인 부여에서는 정산의 두량윤성과 서천의 주류성을 공격할 수 있는 유리한 위치에 있기 때문에 신라군이 이곳으로 출병한 것으로 이해된다.

그러나, 김흠 등 신라군이 출병한 목적은 당나라 유인원군과 유인궤군이 합군한 이후 웅진성에 고립된 상태에서 원군을 요청하였기에 신라군이 이 위기를 해소시키기 위한 것인데, 당군의 합군시기는 661년 10월 이후이므로 주류성 전투는 661년 10월 이후에나 가능한 것이다. 이와 같은 사실은 661년 6월 소정방이 고구려 정벌 시에 신라에서는 문무왕이 즉위하여 친히 김유신 등을 거느리고 고구려로 출전하는데, 사비성에 머물러 있었던 유인원도 수로로 출발하여 신라군에 합세하고 있다. 그런데, 이때 웅진부성에서 웅진성이 고립되어 위태롭다는 사실을 알리는 사자가 도착하여 고구려로 향하던 도중에 대전 동부에 있는 옹산성을 661년 9월 27일 함락시키고 웅진으로 통하는 군량운송도로인 소위 '웅진도(熊津道)'를 개통시켜 웅진부성의 위기를 해소시키고 있기 때문이다. 그리고, 옹산성전투에 참여한 유인원이 신라의 고구려 원정군에 참여하지 않고 있어 늦어도 661년 10월중에는 웅진성의 위기를 해소시키고 유인궤군과 합군하였던 것으로 판단된다.

따라서, 웅진성의 당군을 구원하기 위하여 문무왕 원년(661) 10월 이후에 있었던 주류성 전투는 사비성의 위기를 해소하기 위하여 태종무열왕 8년(661) 3월 5일에서 4월 19일까지 있었던 두량윤성 전투와는 출병 목적도 다르지만 전투시기도 다른 별개의 전투임을 파악할 수 있다.

그리고, 〈문무왕보서〉에서 주류성 공격 시 지휘자는 김흠(金欽)임을 알 수 있는데, 이 김흠은 품일 등 11장군이 두량윤성을 공격하는 대열에는 참여하지 않고 있다. 오히려 두량윤성 전투에 참여했던 신라군이 귀로 중에

패했다는 소식을 듣고 놀란 태종무열왕에 의하여 이들을 구원할 목적으로 장군 김순(金純)·진흠(眞欽)·천존(天存)·죽지(竹旨)를 파견되고 있는데 이 중 김순(金純)이 주목된다. 이와 같은 내용을 기록한 『삼국사기』 김유신전에 보면 이때 파견된 장수들이 수록되어 있는데, "또 이찬 흠순(흠춘이라고도 한다), 진흠, 천존과 소판 죽지 등을 보내어 군사를 구제하도록 하였다"고 하여, 다른 장수들의 이름은 모두 일치하는데 김순(金純)만을 김흠순(金欽純)으로 기록하고 있다. 이는 바로 김흠(金欽)과 김순(金純)은 동일 인물로서, 『삼국사기』 김유신전에 보이는 김유신의 동생 김흠순임을 알 수 있게 한다. 그리하여 김흠순이 참여하지 않은 두량윤성 전투와 김흠순이 직접 지휘한 주류성 전투가 별개의 전투였음을 확연하게 파악할 수 있는 것이다. 또한, 백제부흥군의 패망기록인 「신라본기」 문무왕 3년조 기록에 "왕이 김유신 등 28(30명이라고도 한다)장군을 거느리고 그들과 함께 합하여 두릉(량이라고도 한다)윤성과 주류성 등 여러 성을 공격하여 모두 항복시켰다."고 하여, 두릉윤성은 두량윤성이라고도 부르고 있음을 밝히고, 특히 두량윤성과 주류성을 별개의 지명으로 기록하고 있어, 두량윤성과 주류성이 동일지명이 아님을 명백하게 밝히고 있다. 이로써, 두량윤성 전투와 주류성 전투는 그 공격목적이나 시기를 전혀 달리하고 있었음을 알 수 있다.

피성으로의 천도

웅진강 동쪽에서 연이어 패한 백제부흥군은 웅진부성의 당군을 효과적으로 공략하지 못하게 되었다는 데에 상당히 동요되었던 것으로 보인다. 이때 갑자기 불거진 것이 백제부흥군의 왕성을 주류성에서 피성으로 천도하는 문제이다.

이에 대하여 『일본서기』에 의하면, 662년 12월에 풍왕과 좌평 복신이 왜장 狹井連, 朴市田來津과 의논하여 이 周留는 농토와 멀리 떨어져 있고, 토지가 척박하여 농사와 양잠할 땅이 아니라 방어하고 싸울 장소이니, 여기에 오래 있으면 백성이 기근이 들 것이라 하여, 왕성을 피성으로 옮기고 있다. 피성으로 옮기는 이유는 장기전에 대비하기 위한 방책이라 생각되는데, 한편으로는 662년 7월에 지라성 등 4성책과 진현성이 함락되고, 계속하여 8월에는 내사지성이 함락되어 웅진부성의 당나라 진수군을 고립시키는 '웅진도' 차단에 실패하였을 뿐만 아니라 활동이 자유로워진 나당군의 공격으로 주류성이 위기에 몰릴 가능성을 예상하여 웅진으로부터 좀 더 멀리 떨어진 피성으로 옮기려 하였을 것으로 짐작된다. 이때 朴市田來津이 피성은 적이 있는 곳에서 하루 밤에 갈 수 있는 거리라 너무 가깝고, 지금 적이 함부로 오지 않는 까닭은 주유가 산험에 가리워 있어서 모든 것이 방어하기에 적합하고, 산이 험준하고 계곡이 좁으니 지키기 쉽고 치기 어렵기 때문이라 하여 옮기지 말 것을 건의하였으나, 듣지 않고 피성으로 도읍하였다고 하고 있다. 박시전래진은 661년 9월에 전장군 대화하 阿曇比

邏夫連 등과 같이 백제부흥군을 구원하기 위해서 입국한 후 狹井連檳榔과 함께 잔류하여 백제를 지키게 한 장수로서 피성지역을 지나친 경험이 있었기 때문에 이와 같이 반대하였을 것으로 보인다.

피성으로의 천도를 주도한 것은 복신으로 파악된다. 우선 피성부근의 지리에 대하여 실지로 가보지 않은 사람으로서는 불가능할 정도로 상당히 해박한 지식을 갖고 있다는 점이다. 귀국한지 5개월도 안되며, 행동범위가 제약된 풍왕으로서는 불가능하다고 하겠다. 또 하나는, 이때 모든 실권을 복신이 쥐고 있다는 점이다. 복신이 도침을 살해하고 그의 군병을 통합하여도 풍왕이 제어하지 못하였다는 기록으로 볼 때 당시 풍왕으로서는 추진하기 어려운 결정이라고 하겠다.

피성의 위치에 대해서는 상기 문헌 내용 중에 "피성은 서북으로는 옛부터 이어져 내려오고 있는 강물이 띠를 두르듯 흐르고 있고 동남으로는 깊은 수렁과 커다란 제방의 방벽에 의거하고 있으며, 주위에는 논으로 둘려져 있고 물꼬를 터 놓은 도랑에는 비가 잘 내려 꽃이 피고 열매를 맺는 것이 삼한에서 가장 비옥하다."고 하고 있으며, 이어서 "비록 지대는 낮으나 어찌 천도하지 않으리오."라고 한데서 김제로 비정되고 있다. 김제읍 서남방 약 6㎞ 지점에 위치한 부량면 포교리를 기점으로 하여 남쪽으로 월승리에 이르는 평지에 남북으로 일직선을 이루고 약 3㎞에 달하는 제방이 잔존하고 있는데, 이 제방을 '벽골제(碧骨堤)'라 칭하고 있다. 이 벽골제에 대한 조사는 1975년에 충남대 박물관에 의하여 처음 이루어졌으며, 이때 벽골제의 제방 높이는 약 4.3m이며, 시축연대는 3차에 걸친 방사성탄소연대

측정 결과 중심연대가 A.D.350, A.D.374, A.D.330 등 모두 4세기를 나타내고 있어, 『삼국사기』에 나타난 초축시기 330년과 거의 정확하게 들어맞는 결과가 나왔다.

피성에 대하여 『삼국사기』지리지에 의하면, '고사주(古四州)는 본래 고사부리(古沙夫里)로 5현이 있는데,…벽성현(辟城縣)은 본래 벽골(辟骨)이다.…'라고 하여, 『일본서기』에 수록된 피성(避城)이 '벽성(辟城)'의 오기로 판단되어 현재의 김제로 비정되고 있다. 백제부흥군이 왕성을 주류성에서 피성으로 옮기게 된 직접적인 원인은 이 곡창지대를 중심으로 장기전을 획책하였던 것이라 하겠다.

그러나, 부흥군 수뇌부가 피성으로 천도한 이 시기는 당나라의 고구려 정벌이 소강상태에 있었기 때문에 식량 운송의 부담을 덜게 된 신라군으로서는 좀 더 백제부흥군 공격에 전념할 수 있었다. 그리하여, 피성을 정점으로 하여 남쪽에서부터 공격하여 들어가게 되었다.

663년 2월에 신라의 장수 흠순과 천존이 군사들을 거느리고, 백제 남방의 산성들인 거열성, 거물성, 사평성을 함락시키고 바로 이어서 덕안성 등을 쳐서 함락시키자 이 달에 백제부흥군은 왕성을 피성에서 다시 주류성으로 옮기고 말았다. 『일본서기』에는 백제 남쪽 경계에 있는 4주와 안덕을 거론하고 있어 『삼국사기』에 수록되어 있는 거열성·거물성·사평성 외에 1성이 더 거론되고 있으나 현재 파악되지 않고 있다. 그중 거열성은 경남 거창에, 거물성은 임실에, 사평성은 순천에 비정되고 있으므로 신라군이 거열성 등 남쪽 성들을 공격하여 함락시킨 것은 백제부흥군이 피성으로 천도

한 것을 이미 파악하고 새 도성인 피성을 공격하기 위한 진로확보 차원에서 감행된 전략이라고 하겠다. 계속 승승장구한 신라군은 은진의 덕안성을 공격하여 1천 70여 명을 사살하는 전과를 올리고 있다. 『삼국사기』에 수록된 덕안성(德安城)은 『일본서기』에는 안덕성(安德城)으로, 중국 사서에는 득안성(得安城)으로 기록되어 있으며 『주서』백제전과 『한원』에 인용된 『괄지지』에는 백제 5방성 중에 성곽의 규모가 4방 1리에 달하는 동방성으로 기록하고 있는 매우 중요한 성이다. 이와 같이 백제고지 남부를 신라에 넘겨준 터에 왕성인 피성과 웅진강 서·북부와의 연결을 안전하게 연결시킬 수 있는 논산지방을 상실하게 되자 풍왕과 복신 등은 피성이 오히려 고립상태에 빠질 우려가 있으므로 웅진강 넘어 주류성으로 다시 돌아오고야 말았다.

주류성의 함락

주류성으로 돌아온 후 위기의식을 느낀 풍왕은 왜 및 고구려로의 원군 요청을 제기하였으며, 이 문제로 인하여 다시 백제부흥군 지도층의 알력이 표면화되어 결국 풍왕이 복신을 살해하는 사건으로 전개되고 말았다. 이 사건 이후 풍왕은 왜와 고구려에 원군을 요청하게 되었으나, 백제유민들의 사기는 더욱 저하하게 되었다.

한편, 유인궤의 원군 요청을 받은 당 고종은 이와 같은 정황을 파악하고 손인사를 파견하여 웅진부성의 진수군을 돕도록 하고 있다. 당 고종의 칙명을 받은 손인사는 군사 7천명을 징발하여 풍왕이 복신을 살해한 663년 6월 이후에야 웅진부성의 당군과 합세하고 있다. 더욱이,『구당서』유인궤전에 의하면, 손인사군은 바다를 건너오는 도중에 풍왕이 고구려와 왜국에 원군을 요청하여 와 있었던 구원군과 전투를 치르며 진입하고 있음을 볼 수 있다. 손인사가 거느리는 7천군이 부흥군을 돕기 위한 왜의 구원군까지 물리치며 웅진부성으로 진입하자 당나라 진수군은 사기가 크게 진작되었다.

이때 부여융이 백제 유민을 위무하고 부흥군을 토벌하기 위해 손인사 증원군의 일원으로 백제에 도착하였다. 이것은 당나라가 '적으로써 적을 제압한다.'는 전통적인 이이제이정책(以夷制夷政策)에 의한 것으로 백제부흥군을 양분시켜 약화시키려는 의도에서 부여융을 이용하려는 목적이었다. 즉 풍왕과 부여융을 대립시켜 부흥군을 와해시키려는 것이다. 부여융이 귀국한 이후 임존성을 근거로 하여 활약하였던 흑치상지가 당에 항복하여 부여융과 행동을 같이하고 있었던 것도 풍왕보다는 부여융을 택하게 되었기 때문이라고 볼 수 있다. 흑치상지는 백제부흥운동이 종식된 후 부여융과 함께 손인사군을 따라 당으로 들어가고 있으며, 664년 유인궤의 추천에 의하여 부여융이 웅진도독으로 귀환할 시에도 절충도위라는 직책으로 동행하고 있다. 흑치상지의 이러한 갈등은 풍왕이 왜국에 머물다가 귀국하였다는 거리감도 있었겠지마는 복신을 살해한 데에 대한 반발이 크게 작용하였을 것으로 판단된다.

그리하여, 백제부흥군과의 싸움에 군사적인 우위와 자신감을 갖게 된 나당군은 백제부흥군의 왕성인 주류성으로 진격하게 되었다. 주류성 전투는 백강구 전투와 같은 맥락에서 검토되어야 하나, 여기에서는 백강구 전투와 주류성 전투를 나누어서 전개해 보기로 한다.

백강(白江)의 위치

백강구(白江口)란 서해에서 백강으로 유입되는 강어귀를 말한다. 백강은 기벌포라고도 칭하며, 이 지명이 사서에 등장하게 된 것은 백제에서 외침 시 방어전략의 하나로 백강구의 중요성에 대해 강조한 성충(成忠)의 〈임종상서〉에 의해서이다.

성충은 4년 이후에 전쟁이 일어날 것을 미리 예견하고 수군이 침입하면 기벌포(伎伐浦) 언덕으로 올라오지 못하도록 하라고 건의하였는데, 나당군의 침입시에 왕의 사신을 맞이한 흥수(興首)는 백강과 탄현은 요충지로서 '한 명의 군사와 한자루의 창으로 만 명을 당할 수 있다.(一夫單槍 萬人莫當)'라고 하여 용감한 군사를 선발하여 지키게 하고 있다. 이때 백강(白江)은 기벌포(伎伐浦)라고도 한다고 하고 있어 성충이 말한 백강과 흥수가 언급한 기벌포는 같은 지점의 별칭임을 알 수 있다.

이제까지 이 백강은 크게 금강설, 동진강설이 주류를 이루는 가운데, 백석포와 아산만을 주장하는 설과 660년 백제 침공시에는 금강으로 보나, 663년 주류성 공격시에는 동진강·즐포내포·두포천으로 보는 등 혼재양상이 전개되고 있다.

백강의 위치에 대하여 다양한 학설이 나타나게 된 것은 문헌 사료를 검토하는 과정에서 나타난 몇 가지 오해에서 출발한 것이다. 첫째는, 「백제본기」의자왕조의 660년 백제 멸망 시의 기사 중에 백강(白江) 통과 이후에 웅진강구(熊津江口)에서 방어하는 내용이 실려 있어 백강의 위치 비정에 많은 영향을 주고 있다. 그러나, 이 「백제본기」 기록은 백제 측 기사 내용에 이어서 『신당서』 소열전의 기사 내용을 덧붙여 기록된 것이다. 이 문헌 기록은 이 문제를 해명하는데 결정적인 자료이므로 이를 비교하기 위하여 사료를 제시하는 것이 이해에 도움이 될 것 같다.

㉠또 듣기를 당나라군과 신라군이 이미 백강과 탄현을 통과하였다고 함에 장군 계백으로 하여금 죽음을 각오한 군사 5천을 거느리고 황산에 나아가 신라군과 싸워 4번 싸워 모두 이겼으나 군사들은 적고 힘이 다하여 결국은 패하고 계백도 전사하고 말았다. 이때에 군사를 합하여 웅진(강) 입구를 막고 강가에 군사를 주둔시켰더니 (소)정방이 좌측 강가로 나와 산에 올라 진을 침에 그들과 더불어 싸워서 우리 군사가 크게 패하였다. 王師(당군)은 조수를 타고 배들이 잇대어 꼬리를 물며 북 치고 떠들면서 나아가고, 정방은 보병과 기병을 거느리고 곧바로 도성으로 전진하여 20리 밖에 머물렀다.(『삼국사기』「백제본기」의자왕 20년조)

㉡신구도대총관으로 삼아 출전케 하므로 군사를 거느리고 백제를 토벌하기 위하여 성산에서 바다를 건너 웅진구(熊津口)에 도착하니, 적들이 강가에 군사를 주둔시키고 있어 정방이 좌측 강가로 나와 산에 올

라 진을 치고 그들과 더불어 싸워서 적을 무너뜨리니 죽은 사람들이 수천 명이나 되었다. 임금의 군사들이(王師) 조수를 타고 상류로 가는데 배들은 잇대어 꼬리를 물며 북 치고 떠들면서 나아가고, 정방은 보병과 기병을 거느리고 좌우로 이끌며 곧바로 진짜 도성(眞都)으로 전진하였다.(『당서』 소열전)

상기 내용을 면밀히 살펴보면, "또 듣기를 당나라군과 신라군이 이미 백강과 탄현을 통과하였다…계백도 전사하고 말았다(又聞唐羅兵已過白江炭峴)…堦伯死之"는 백제측 기사 뒤에 "이때에 군사를 합하여 웅진(강) 입구를 막고 강가에 군사를 주둔시켰다(於是合兵禦熊津口瀕江屯兵)"라는 문장이 이어지고 있는데, '이때에(於是)'라고 하여 상황변화를 제시하고 중국측 기록이 덧붙여진 것을 알 수 있다. 그리하여, 백제에서는 도성으로 진입하는 강 이름을 백강으로 호칭하고 있으면서도 웅진강 어귀 강가에서 소정방군이 좌측 강가로 나와 상륙하는 것을 저지하는 장면이 다시 재현되고 있는 것이다. 그리고, 적군인 당군을 '王師', 즉 '임금의 군사'로 높여서 표현하고 있음에서 더욱 확연하다고 하겠다. 이 문장에 대하여, 『신당서』 소열전에 보면, 상기 「백제본기」 기사 후반부 내용과 거의 흡사하다는 것을 파악할 수 있다.

소열은 소정방의 본명으로 이 소열전에서도 백강구를 웅진강구로 인식하고 있었으며, 당군을 마찬가지로 '王師', 곧 '임금의 군사'로 수록하고 있음을 볼 수 있다. 이는 당군이 성산을 출발하여 웅진구에 도착하고 있음

스러져간 백제의 함성

을 기록하고 있는데, 이 내용 중 "웅진구(熊津口)에 도착하니, 적들이 강가에 군사를 주둔시키고 있었다(至熊津口賊瀨江屯兵)"라고 하고 있어,「백제본기」의 '於是' 이후의 기사는『신당서』소열전 기사 내용을 차용하여 피아관계만을 바꾸어 놓은 것임을 알 수 있다.

백제에서의 사비 천도 이후의 백강 호칭을 당군은 백제 도읍을 웅진성으로 인지하고 도성에 이르는 강명(江名)을 웅진강으로 호칭하고 있었기 때문에 야기된 것이라 하겠다.

소정방이 이끄는 당군이 진짜 도성(眞都)으로 전진하였다는 것은 당시 당나라는『구당서』백제전에 "그 왕이 거처하는 곳은 동쪽과 서쪽의 두 성이 있다."고 한 바와 같이 백제의 왕성으로 사비성과 웅진성 두 성이 있다고 인식하고 있었기 때문에 진짜 도성인 사비성으로 진격하고 있음을 뜻한다고 하겠다. 이에 대하여는『신당서』백제전에도 왕성을 두 성으로 인식하고 있다.『당서』소열전에서 보듯이 서해를 건너 온 당군이 상륙한 지점을 웅진(강)구로 기록하고 있고, 당나라 때 기록인『한원』에 백제를 대표하는 수맥으로 웅진하(熊津河)가 수록되어 있는 것도 당시 당나라에서 백제 도읍을 웅진성(熊津城)으로 인지하고 있었다가 백제 침공 과정에서 신라로부터 백제 도읍이 사비성(泗沘城)이라는 것을 파악한 것으로 보인다.

또 하나는, 663년 나당군의 주류성 공격기사 중 '웅진강으로부터 백강으로 가서'란 내용이 웅진강과 백강을 별개의 강으로 오인하는 결과를 가져오고 있다. 이것은 웅진 부근에 흐르는 웅진강에서 사비부근에 흐르는 백강이라는 뜻으로 보아야 하니, 도성과 관련하여 강 이름이 널리 알려졌을 것이기 때문이다.

 강 이름의 호칭에 있어서, 중국은 발원지에서 강하구까지를 총칭하고 있는데 반하여, 우리나라에서는 중국과 같이 총칭하는 예가 없으며, 나루를 중심으로 한 나루명칭이 곧 강 이름으로 호칭되고 있기 때문이다. 당나라 때 쓰여진 『한원』번이부 백제조에는 『괄지지』를 인용하여, "웅진하(熊津河)의 근원은 나라 동쪽 경계에서 나와 서남으로 흘러 나라 북쪽 100리를 경유하며 또 서쪽으로 흘러 바다로 들어가는데, 넓은 곳은 300보이다."라고 하여, 통칭하여 부르고 있음을 볼 수 있으며, 이미 당 초기에 웅진하가 중국에 알려져 있었음을 알 수 있다. 또한 이로 인하여 『구당서』등 중국측 사서에 소정방 등 당군이 도착지점을 웅진(강)구라 표기하고 있는 것이라 하겠다. 이러한 용례는 『한서』지리지의 하수에 대한 기사에서도 볼 수 있으니, 그중 흑수(黑水)의 예를 들면, "흑수를 이끌기를 삼위(三危)에 이르러 남해에 들어가게 한다."고 하고, 이에 안사고(顔師古)가 주를 달기를 "흑수는 장액계산(張掖鷄山)에서 나와 남쪽으로 흘러 돈황에 이르고, 삼위산(三危山)을 지나 또 남쪽으로 흘러 남해로 들어간다."라고 하여, 역시 총칭하고 있다.

 그러나, 우리나라에서는 『신증동국여지승람』옥천군 산천조에 금강에 대한 설명으로, "적등진은 고을 남쪽 40리에 있다. 그 근원은 셋이 있는데 하나는 전라도 덕유산에서 나오고, 하나는 경상도 중모현에서 나오고, 하나는 본도[충청도] 보은현 속리산에서 나온다. 군 동쪽을 지나서 차탄(車灘)이 되고, 동북쪽으로는 화인진(化仁津)이 되며, 회인현을 지나서 말흘탄

(末訖灘)이 되고, 문의현에서는 형각진(荊角津)이 된다. 공주에 이르러서는 금강(錦江)이 되고 웅진(熊津)이 되며, 부여에 이르러서는 백마강(白馬江)이 되고, 임천·석성 두 읍 경계에 다달아서는 고성진(古城津)이 되며, 서천군에 이르러 바다로 들어간다."고 하여, 나루명칭이 곧 강의 호칭이 되고 있으며, 『신증동국여지승람』이 편찬된 조선전기에 있어서도 웅진강은 공주 부근을 흐르는 금강의 국부적인 호칭임을 간파할 수 있다.

그런데 강의 이름에서 총칭하고 있는 중국사서에 백강과 웅진강이 별개로 구분하여 나타나기 때문에 사비성으로 진격하는데 백강과 웅진강을 거쳐야 하는 것 같이 혼동을 주고 있다. 백제 침공 당시 당나라는 웅진강만을 인식하고 있었으나, 백제부흥군과의 전투과정에서 신라와의 연합전선을 구축하게 되면서 사비도성과 백강을 이해하게 되었던 것이며, 주류성을 공격하는 상황에서도 수로와 육로로 웅진을 출발한 나당의 수군과 육군이 회합장소를 사비부근의 백강으로 정하고 또 이곳에서 합세하여 주류성으로 진격하게 된 것이라 하겠다.

한편, 『삼국유사』에는 기벌포(伎伐浦)의 별칭으로 장암(長岩), 손량(孫梁), 지화포(只火浦), 백강(白江)이 수록되어 있다. 기벌포의 별칭 중 장암은 지금의 충남 서천군 장항읍을 말함이니, 『세종실록지리지』 충청도 서천군 조에, "서천포는 군의 남쪽 長岩浦에 있는데 수군만호가 지킨다." 고 하고, 『충청도읍지』 서천군조에는 "장암진(長岩津)은 군의 남쪽 20리에 있는데, 서천포 앞에 산과 같은 큰 바위가 바다에 의거하여 있으며 근원은 백강(白江)으로부터 나왔다."고 하여, '장암(長岩)'이 조선시대에도 장암포 또는 장암진이라 불리었는데, 이는 서천포 앞에 '산과 같은 큰 바위'에서 연유된 지명임과 그 근원이 백강으로부터 나왔음을 밝히고 있다.

또한 '손량'이라고도 부르니, 이는 전남 진도와 화원반도사이의 급류처인 명량(울돌목)과, 강화도와 육지사이의 급류처인 손량(손돌목)의 예와 같이 금강하구의 물살이 세고 빠르다고 해서 붙여진 이름임을 알 수 있다. 후술하겠지만 왜국 수군이 참패한 이유로 "기상을 살피지 않았음"을 들고 있는데, 이는 바로 금강의 물살이 썰물 때 특히 급해지는 것을 간파하지 못했음을 의미하는 것이다. 1902년에 펴낸 『한국안내(韓國案內)』에는 금강이 "썰물 시에는 강의 흐름이 급하여 소형선박의 운행은 물론 정박에까지 불편을 주는 일이 적지 않았다."고 하고 있어, 이에 대한 조건을 충족시켜 주고 있다.

그리고 이 포구를 현재 '질구지개'라고도 부르는데, 이는 이곳이 진펄이기 때문에 붙여진 이름으로, 『삼국사기』 김유신전에 "장군 소정방과 김인문 등이 기벌포(伎伐浦)에 들어왔는데, 해안이 진흙탕이라 빠져서 다닐 수 없으므로 버들자리를 펴서 군사들을 나오게 하였다. 당나라와 신라가 같이 백제를 쳐서 그들을 멸망시켰다."는 기사를 뒷받침하는 것이라 하겠다.

그런데 『일본서기』에는 백촌강(白村江)으로 기록하였는데, 백촌강은 '백촌'의 강이라 이해된다.

그러나, 〈문무왕보서〉에는 왜국 함대 1천척이 백사(白沙)에 정박하고 있음을 기록하고 있다. 이 백사는 풍왕이 왜국의 원군을 맞으러 나간 '白村' 바로 그 곳일 것으로 보아 무방할 것이다. 이 백사라는 단어가 해변을 내포하고 있다고 하겠으니, 왜선 1천척이 정박하고 있었음으로 해서 더욱 확연하다 하겠다. 그리하여, 백사라는 지점이 전 해안에서 있을 수 있겠지만, 왜 수군이 백강으로의 진입을 시도하였다면, 이 백사는 백강구에서 가까운 해안에서 찾아야 할 것으로 보인다. 『신증동국여지승람』 서천군 누정조에 "백사정(白沙亭)은 군의 서남쪽 13리에 있다."고 하고, 『대동지지』 서천 산천조에는 "백사정(白沙汀)은 서남쪽 13리의 해변에 있다."고 하여, 백사정은 현재의 서천군 마서면 남전리에 해당함을 알 수 있다. 이곳은 지금도 백사리 또는 '백사장'이라 불리우는 곳으로 금강하구에 위치한 장항에서 북으로 4km정도의 거리에 위치하고 있으니 왜 함대는 백강전투가 벌어지기 이전까지 이 부근에 정박하고 있었을 것으로 보인다. 이로 인해서, 왜 수군이 머물렀던 백사(白沙)의 마을 즉 '백촌(白村)'의 이름을 붙여 『일본서기』에는 '백촌강(白村江)'이라 기록된 것으로 보인다.

또한, 백강 입구에 해당하는 기벌포를 현재의 장항으로 비정할 때, 660년 7월 9일에 기벌포 즉 백강에 도착한 소정방군이 7월 10일에 백제 도성인 사비성에서 신라군과 회합하기로 약속한 기벌포에서 사비성까지의 하루 일정을 충족시킬 수 있다.

만약, 소정방이 이끄는 당군이 상륙한 기벌포가 금강입구가 아닌 동진강구나 즐포내포 등의 지점에 위치하고 있다는 견해에 따른다면, 당군이 약속기일을 지키기란 불가능하다는 것을 우선 지적할 수 있다. 그리고, 나당군이 합군하여 남쪽으로부터 공격해 오고 있기 때문에, 의자왕이 태자 효와 함께 북쪽에 위치한 웅진성으로 도피하고 있는데, 오히려 웅진성 북쪽에 위치하고 있는 안성천 하구의 백석포나 아산만에 당군이 상륙하였다는 견해도 이치에 맞지 않는다고 하겠다. 그리고 안성천 하구의 백석포나 아산만으로 진입한 수군이 어떠한 수로를 이용하여 사비성으로 진군할지 의문이 아닐 수 없다.

또한, 당군의 상륙지점을 금강하구가 아닌 다른 지점이라고 가정한다면, 9월 3일 소정방이 귀환시에 의자왕 등 포로 12,000여명을 사비(부여)에서 배에 태워 당으로 호송하고 있는데, 이때에 다른 상륙지점에 정박하여 있던 선단이 다시 금강하구를 통과하여 사비로 들어와야 한다는 모순에 직면하게 된다.

한편, 663년 백강구 전투보다 13년 후에 벌어진 나당전쟁에서 나타나는 '소부리주 기벌포'가 기벌포의 금강하구설을 뒷받침하고 있다. 즉 문무왕 16년(676) 11월에 사찬 시득이 수군을 거느리고 소부리주 기벌포에서 설인귀의 당군과 크고 작은 전투 22회를 치르면서 결국은 이기고 있는데, 여기에서의 소부리주는 본래 백제의 도읍이던 사비성을 함락시키고 문무왕 11년에 주를 설치함으로써 호칭된 지명이다. 그리하여 '소부리주기벌포(所夫里州伎伐浦)'는 소부리주 관내에 위치하는 기벌포라고 보아 현재의 금강하구로 보는 것이 가장 타당한 것이다.

이상의 고증으로 볼 때, 「백제본기」에서의 백강=기벌포를, 「신라본기」에서는 기벌포로, 중국사서에서는 웅진(강)구라 칭하고 있으나, 결국은 동일지점인 현재의 금강입구임을 확인할 수 있다.

백강구 전투

백강구 전투는 주류성 함락과 밀접한 관계가 있다. 즉 백강구 전투는 주류성 공격의 일환으로 당나라 손인사군이 원군으로 도착해 유인원·유인궤군과 합류한 직후 전격적으로 이루어졌다. 이 백강구 전투의 특징은 왜 수군이 백제부흥군의 왕성인 주류성을 구원하기 위하여 백강으로의 진입을 시도하는 데에서 비롯된 것으로 당나라 수군과 왜 수군과의 국제전 양상으로 전개된 것이라 하겠다.

신라는 문무왕이 친히 김유신 등 28장군(혹은 30장군)을 거느리고, 백제부흥군을 정벌하기 위하여 경주를 출발하여 7월 17일에 웅진주(熊津州)에 도착하여 유인원의 군대와 합세하고 있으며, 웅진부성의 당군 진영에 우위위장군 손인사의 원군 7천명의 군사가 도착하자 나당군은 공격방향을 논의하게 되는데, 가림성이 수륙의 요충이라 하여 피하기로 하고 바로 부흥군의 왕성인 주류성을 치러 가고 있다. 이 때 당군 진영에는 소정방이 철수할 시에 사비부성을 진수하다가 유인궤군과 합세한 유인원이 거느리는 1만군과, 군병의 규모는 알려져 있지 않지만 웅진도독 왕문도를 대신하여 입국한 유인궤가 거느리는 군대, 그리고 손인사의 7천군이 원군으로 참여하게 되었으며, 신라군 진영에는 문무왕이 친히 유신·인문·천존·죽지 등 28장군(30장군이라고도 한다)을 거느리고 참여하고 있다. 문무왕이 친히 28장군을 거느리고 참전하였다고 하는 것은 신라의 주력군이 거의 이 원정군에 참여하고 있었음을 의미한다고 하겠다.

한편, 왜의 원군은 662년 5월에 부여풍을 호송해서 온 5천군이 있으며,

백강구 전투 직전에 도착한 廬原君臣이 거느린 1만군이 있다. 663년 3월에 전군, 중군, 후군으로 구성된 2만 7천의 왜군이 파견되었으나, 663년 3월과 6월 두 차례에 걸쳐 신라의 배후를 공격한 이후에 이 전투에 가담하였는지 여부는 파악하기 힘들다. 그러나, 백사에 왜국 함선 1천척이 정박하여 있었다고 하고 있어 승선인원으로 볼 때 이 2만 7천의 왜군도 이 백강구 전투에 참여하였을 가능성이 있다고 하겠다. 왜국은 한반도가 당의 영향 하에 들어가는 것은 곧 일본열도에 대한 위협이라는 생각에서 백강구 전투에 참여하게 된 것이다.

나당군의 진영에서는 육군과 수군으로 나누어 편성하고, 손인사와 유인원 및 신라왕 김법민은 육군을 거느리고 진격하고, 유인궤와 두상 및 부여융은 수군 및 군량선을 거느리고 진격하고 있다. 그런데, 수륙군 편성에서 부여융이 수군에 편제된 것이 예사롭지 않다. 만약 이이제이(以夷制夷)정책의 일환으로 백제유민들을 효유하기 위해서는 육군에 편제되어 주류성으로 가는 것이 효과적이기 때문이다. 아마 부여융의 역할은 수로 상에 입지하고 있는 요해처와 물때에 대한 정보를 제공하는 것이 아니었을까 생각된다. 당시 백강 하구의 물 흐름이 썰물 때에 특히 빠르다는 정보도 부여융이 제공하였을 것이다. 그리하여, 당 수군은 170척의 함선을 강가 좌우에 정박시키고 굳게 진을 친 다음 왜 수군을 기다리게 된 것이다.

한편, 나당군의 행선지에 대하여 문헌기록 중에 『신·구당서』 유인궤전과 『자치통감』에는 웅진에서 백강으로 갔다고 하고, 『신당서』 백제전에는 '웅진강으로부터 함께 나아가 주류성으로 전진하였다.'고 하였으며, 『삼국사기』김유신(중)전에는 '웅진주에 이르러 진영을 지키던 유인원과 군사를 합하여 8월 13일에 두율성(豆率城)에 이르렀다.'고 하여, 대체로 웅진에서 출발하여 백강으로 갔다고 하거나, 웅진(강)에서 출발하여 주류성으로 간 것으로 기록하여 문맥상 혼동될 소지는 보이지 않는다. 그러나, 『구당서』 백제전과 「백제본기」에 "웅진강으로부터 백강으로 가서(自熊津江往白江)" 라고 한 것이 백강의 위치비정에 있어서 논란의 대상이 되고 있다.

나당군이 웅진강에서 백강으로 가서 수군과 육군이 합세하기로 한 것은, 우리나라에서는 나루명칭을 곧 江의 호칭으로 삼고 있는 바와 같이 웅진부근의 웅진강(熊津江)에서 사비부근의 백강(白江)으로 가서 합군하였음을 나타낸 것이다. 따라서 문헌기록에 수록되어 나타나고 있는 웅진강구나 백강구는 다 같이 현재의 금강하구(錦江河口)를 말하는 것으로 저 유명한 백강구전투(白江口戰役)은 바로 금강하구에서 일어나게 된 것임을 알 수 있다.

웅진에서 출발한 나당군의 육군과 수군이 백강에서 회동하게 된 목적은 육군의 도강(渡江)을 돕기 위해서이다. 웅진성과 사비성은 다 같이 금강 남쪽 강안(江岸)에 위치하고 있다. 그런데, 나당군이 수륙의 요충이라고 하여 피해서 가기로 결정한 가림성은 금강의 북쪽에 위치하고 있다. 가림성은 동성왕 23년(501) 8월에 축조한 기록이 『삼국사기』에 실려 있어 축성시기를 알 수 있는 중요한 관방유적이다. 이 성은 테뫼식 석축산성으로 둘레는 약 800m이고, 성벽 높이는 약 3m~4m로 비교적 보존상태가 양호하다고 하겠다. 이 곳에서는 금강의 흐름이 잘 조망되고 있으며, 멀리 부여 시가지가 관측되고 있어 육로와 수로를 감시할 수 있는 요충지라고 하겠다.

이를 볼 때, 나당연합군의 육군은 웅진성에서 출발하여 사비성까지는 웅진강(금강)의 남쪽 강변을 따라 행군하다가 사비성 부근에서 백강(금강)을 도강하여 백강 북쪽 강변을 따라 가림성은 피해 가면서 주류성으로 진격하고 있음을 파악할 수 있다.

물론 이때 웅진에서 강을 건너 웅진강 북쪽 강변을 따라 전진할 수도 있으나, 이 경우 행군 거리가 더 길어질 뿐만 아니라 바로 두량윤성에 웅거하고 있는 백제부흥군의 공격을 받게 될 우려가 있으므로 이 노선에 대한 논의는 거론되지 않았던 것으로 판단된다.

육군을 도강시켜준 후 유인궤가 거느리는 당 수군은 왜 수군이 백강 어귀로 진입하는 것을 막기 위해서 백강 양쪽에 배열하고 왜 수군을 맞이하게 되었다. 『신·구당서』 백제전에는 유인궤가 거느리는 당 수군이 부여풍의 무리를 백강구에서 만났다고 기록하고 있어 풍왕이 왜병의 함선에 합류하여 있음을 보여주고 있다.

백강구 전투에서 가장 상세한 일정을 알려 주는 것은 『일본서기』로 백강구 전투내용을 날짜별로 비교적 상세하게 기록하고 있다. 풍왕이 왜의 원군을 맞으러 백촌으로 나간 것은 나당군이 주류성에 도착하는 날짜와 같은 날인 8월 13일이고, 나당의 육군이 주류성을 에워싼 것이 8월 17일이다. 이를 볼 때 나당군이 주류성을 포위하기 이전에 풍왕은 주류성을 빠져나간 것으로 인식된다. 풍왕이 왜의 구원병 장수 廬原君臣이 거느리는 1만군을 맞이하기 위하여 간 백촌(白村)은 〈문무왕보서〉에 "왜의 함선 1천척이 백사

(白沙)에 머물러 있고, 백제의 정예 기병이 언덕 위에서 배를 지키고 있었다.”고 한 지점일 것이다. 이때, 왜의 원군이 오는 것을 미리 탐지한 당 수군은 육군이 주류성을 에워싸고 있는 8월 17일에 170척의 함선을 백강 어귀에 견고하게 진영을 설치하고 이에 대비하고 있다.

이와 같이 왜 함선 1천척이 8월 13일에는 백사에 도착하여 있었을 것으로 파악되기 때문에 웅진강을 빠져나간 당 수군이 다른 지점에 위치하고 있는 백강으로 들어가서 진을 치고 있었다는 가정은 성립되기가 어려울 것으로 판단된다. 왜냐하면 당 수군이 웅진강에서 다른 지점의 백강으로 해안을 거쳐 이동하였다면 백강구전이 아니라 이동 도중의 바다에서 왜 수군을 만나 해전을 먼저 벌였어야 했을 것이기 때문이다.

상기 문헌에서 당나라 수군과 왜 수군이 결전을 벌인 곳은 '백강' 또는 '백강 어귀'로 기록되어 있지 서해상으로는 기록되지 않았음이 고려되어야 한다. 『구당서』 유인궤전의 인궤가 백강 어귀에서 왜군과 만나다(仁軌遇倭兵於白江之口).’의 기사내용과 같이, 당나라 수군이나 왜 수군이 백강 어귀에서 만났다면 어느 한 쪽은 백강 내부에 있어야 하며, 다른 한 쪽은 해상에 머물러 있어야 이 전황을 충족시킬 수 있다. 그런데, 『신당서』 동이백제전에는 백강구에 주둔하고 있던 풍의 무리를 네 번 만나 모두 이기고, 4백척의 배를 불사르니’라고 하여, 풍왕이 합류한 왜의 수군이 이미 백강구에서 주둔하고 있었음을 밝히고 있어, 당나라 수군이 백강구 안에 있었고, 왜 수군이 백강구 밖에 있었음을 분명히 하고 있다.

〈문무왕보서〉에 의하면, 백강구 전투에 앞서 육군이 먼저 전투를 치르고 있다. 즉, "왜국의 수군이 와서 백제를 돕는데 왜의 군선 1천척이 白沙에 머물러 있고, 백제의 정예 기병이 언덕 위에서 배를 지키고 있었다. 신라의 날랜 기병이 한(당)나라의 선봉이 되어 먼저 언덕의 진지를 깨뜨렸다."고 하여, 신라군이 먼저 왜의 함선을 지키고 있던 백제 기병에 대하여 선제공격을 감행하여 승리를 거두고 있음을 알 수 있다. 이때 신라군에게 패한 백제부흥군은 '백제의 정예 기병'으로 나타나고 있다. 왜국 함선을 해안 언덕에서 수호하는 것이라면, 보병이 더 유리할 텐데 정예 기병이 지키고 있었다면 이 정예 기병은 풍왕이 새로 도착하는 盧原君臣의 왜 구원군을 맞이하기 위하여 주류성을 빠져나갈 때 풍왕을 호위하여 나간 근위병일 것으로 파악된다. 따라서, 나당군의 공격에 부흥군의 주력군이 주류성에 입보하여 수비하는 상태에서 백사에 정박하고 있던 왜 함선을 정예기병만으로 수호하고 있었다면 그 기병의 숫자는 소수에 불과하였을 것으로 신라 대군단의 공격을 막아내기에는 벅찼을 것으로 판단된다.

그러나, 신라군의 이 승리는 백사에 정박하여 휴식을 취하고 있었던 왜 수군에게 상당한 충격을 주었을 것으로 보인다. 우선 기항지가 불안하기 때문에 왜 함대는 정박하여 안정된 상태에서 머물러 있지 못하고, 바다에 출항하여 불안한 상태에서 당나라 수군과 조우를 하여야 했기 때문이다. 이와 같은 상황에서 왜 수군은 당나라 수군과의 결전을 더욱 서둘렀던 것은 아닐까 생각된다.

백강구 전투를 통하여 신라군의 전투기록은 더 이상 보이지 않고 있다. 이는 나당군의 수륙군 편성에서 보듯이 신라군은 육군에만 편성되어 있었기에 백강구 전투에는 참여하지 않았기 때문이다.

백강구전투의 시작은 왜 수군의 공격으로 이루어졌다. 백사에서 정박하고 있었던 왜 수군은 안정된 기항처를 상실하게 되자, 8월 27일 백강구로 이동하여 백강구 밖에 진영을 베풀고 백강구를 사이에 두고 당 수군과 대치하고 있었다. 당 수군과 왜 수군과의 27일~28일 양일 간에 있었던 백강구전투는 모두 왜 수군의 선공으로 이루어지고 있다. 이와같이 왜 수군이 백강구 안으로 진입하려는 의도는 위기에 처한 주류성을 지원하기 위해서는 백강으로 들어서야 하기 때문일 것이다.

이러한 상황은 백제부흥군을 돕기 위하여 왜국의 원군이 오고 있음을 미리 알고 있었던 나당군이 주류성을 고립시킬 목적으로 육군은 주류성을 포위하고, 수군은 백강으로 왜 수군이 진입하는 것을 막기 위하여 백강을 빠져나가지 않은 상태로 백강구 어귀에 170척의 선단을 좌우로 진열하여 강가에 정박하고 있었음을 알 수 있다.

특히 28일에는 왜 수군이 기상을 살피지 않고 백강으로 진입하자 당나라 수군은 좌우로 나뉘어 화공으로 협공하고, 마침 강의 흐름은 썰물로 바뀌어 급하게 흐르니, 왜 수군은 뱃머리를 돌리지도 못하고 궤멸당할 수밖에 없었던 것이다.

『구당서』유인궤전에는 이 백강구 전투가 끝난 후의 상황에 대하여, "유인궤가 왜병들을 백강 어귀에서 만나 네 번 싸워서 모두 이기고 화공(火攻)으로 그들의 군선 4백 척을 불사르니 연기와 불꽃이 하늘에 가득하고 바닷물이 모두 붉게 물들이니 적의 무리들이 크게 무너졌다."고 하여, 전황을 유리하게 이끈 유인궤의 공으로 기록하고 있다.

　　이 백강구 전투에서 왜 수군이 크게 패하자 풍왕은 다시 주류성으로 들어갈 엄두도 내지 못하고 배편으로 고구려로 도망가게 되었다.

주류성 전투

　　주류성을 「신라본기」에서 두율성(豆率城)이라고 기록하였는데 '豆率'의 한글 음 '두율'의 반절은 '둘'로써, 이는 '주류(周留)'의 고음(古音)인 '두루'와 같아 같은 지명의 신라 표현임을 알 수 있다. 주류성을 공격하게 된 연유에 대하여 『일본서기』에는 "신라는 백제왕이 훌륭한 장수를 죽이자 곧장 백제로 들어가 먼저 주유(州柔)를 빼앗으려고 도모하였다."고 하고 있다. 즉, 부흥군 지도층의 내분이 공격의 빌미를 제공하고 있음을 알 수 있다. 그런데, 사료에는 백제부흥군 측에서도 신라의 이러한 움직임에 대하여 이미 간파하고 있었으니, 이는 풍왕이 왜의 원군을 맞이하러 백촌으로 나가면서 장수들에게 이르기를 "원컨대 여러 장군들은 이에 응하여 미리 도모하라."고 하고 있어 확실하다고 하겠다. 이때 나당군과 백제부흥군 사이에 적의 움직임을 살피기 위한 첩보전이 상당히 치열하였음을 짐작할 수 있다.

　　그리하여, 백제부흥군 측에서는 웅진에서 출발하는 나당군의 육로와 수로를 감시하고 차단한다거나 또는 배후를 공격하여 적을 교란시키고 둔화시키는 전투가 있을 법도 한데 문헌에는 이에 대한 전투기록이 전혀 수록되어 있지 않다. 이러한 사실은 복신이 살해된 후 사기가 극도로 저하되고 위축되어 싸우기를 꺼려한 것이 아닌가 생각된다.

그러나, 나당군 측에서는 주류성을 치기 위한 공격로 상에 위치하고 있는 가림성이라는 난공불락의 요해처에 대한 공격여부에 대하여 논의가 벌어지고 있었음에서 적을 물리치려는 의지와 승리를 담보하는 전략·전술면에서 우위에 있었음을 볼 수 있다.

『신·구당서』유인궤전에는 가림성이 수륙의 요충이니 먼저 공격하자고 제의하고 있는데, 그 제의에 자신감이 충만되어 있다. 그러나, 유인궤가 "실한 곳은 피하고 허한 곳을 공격하라"는 병법의 내용을 상기시키며 가림성 공격의 부당함을 거론하고 주류성은 적의 소굴로 그 곳을 평정하면 모든 성들이 스스로 항복할 것이라고 설득하여 직접 주류성으로 공격목표를 정하고 있다. 이는 660년 속전속결로 도성인 사비성을 함락시켜 의자왕으로부터 항복을 받았던 작전 그대로이다.

그리하여, 나당군 중 육군은 663년 8월 13일에 주류성에 도달하여 8월 17일에는 주류성을 에워싸게 되었다. 이때 백제부흥군이 왜군과 함께 출전하므로 신라군사들이 힘껏 싸워 대패시키고, 9월 7일에는 주류성을 함락시키고 있다.

『구당서』에 주류성이 포위되어 공격을 당하자 왕자 충승·충지 등이 사녀(士女) 및 왜의 무리들을 거느리고 탐라국의 사자와 함께 일시에 모두 항복하였다고 한 것으로 보아 주류성 내에는 주력부대인 백제부흥군을 비롯하여 왜군 및 응원차 파견된 탐라의 사자도 도착하여 있었음을 알 수 있으며, 이들을 지휘한 것은 왕자 충승과 충지였음을 짐작할 수 있다. 왕자 충승은 풍왕의 숙부로 왜에 머물러 있다가 풍왕이 귀국할 때 같이 귀국하였을 것으로 보이는데 주류성이 위기에 봉착하자 이들을 모두 이끌고 항복하고 말았다.

「신라본기」 문무왕 3년조에는 "두량윤성과 주류성 등 여러 성을 공격하여 모두 항복시켰다"고 하여 축약하여 기술하고 있는데, 『삼국사기』김유신(중)전에는 주류성을 함락시킨 후 군사를 나누어 여러 성을 공격하여 함락시켰음을 밝히고 있고, 〈문무왕보서〉에 "남방이 이미 평정되자 군대를 돌려 북방을 정벌하는데 임존(任存) 한 성이 고집하고 명민하지 못하여 항복하지 않았다."고 하고 있어 주류성 함락 후 임존성을 공격하기 위하여 북상하고 있었음을 뒷받침하고 있다. 이는 주류성에서 출발한 신라군이 임존성으로 가는 도중에 두량윤성 등 여러 성들을 함락시켰겠으나 두량윤성이 백제부흥군의 주요 거점이고 661년에 패하였던 전황이 있었으므로 특별히 기록으로 남기게 된 것이라 하겠다.

현재 주류성의 위치에 대하여는 충남 서천군 관내 산성들에 비정하는 설과 전북 부안 위금암산성에 비정하는 설로 크게 나뉘어지고 있다고 하겠다. 주류성의 위치 비정과 관련하여 몇 가지 주요 사안을 검토해 보면 다음과 같다.

첫째는, 662년 12월에 풍왕은 복신 등과 논의하여 부흥군의 왕성을 주류성에서 피성으로 옮겼으나 663년 2월에 신라 장수 흠순과 천존이 군사들을 거느리고, 백제 남쪽 지방의 여러 성인 거열성, 거물성, 사평성, 덕안성등을 함락시키자 위기를 느끼고 이 달에 다시 주류성으로 옮기게 되었다. 이는 피성으로의 천도를 논의하는 과정에서 朴市田來津이 '피성은 적이 있는 곳에서 하루 밤에 갈 수 있는 거리라 너무 가깝다'고 우려한 것이 현실로 나타난 것이라 하겠다. 피성은 대체로 김제로 비정되고 있으며, 거열성 등 남방의 여러 성이 함락되자 왕성을 피성에서 다시 주류성으로 옮기고 있다는 것은, 당시 지정학적으로 볼 때 주류성이 피성보다 더 북쪽에 위치한 안전한 곳이라고 판단되는 지역이기 때문일 것이다. 그리고, 이 주류성에 대한 위치는 백강구 부근에 있다고 파악되기 때문에 백강의 위치 비정에 있어서 고려되어야 할 사항으로, 이 때 백제부흥군의 주요거점으로 아직 건재하고 있던 성곽이 가림성, 두량윤성, 임존성이므로 이들 성곽들과 쉽게 연결되는 곳이어야 할 것이다.

이와 같은 관점에서 검토하여 볼 때, 주류성의 부안 위금암산성설에 따른다면 서쪽으로는 조금 치우친다 하더라도 오히려 피성으로 비정되고 있는 김제보다 남쪽으로 내려와 적진에 더 가깝게 접근하게 되는 모순을 가지고 있어서 성립될 수 없음을 알 수 있다. 또한, 백강을 동진강으로 비정할 경우에는 웅진에서 출발한 육군이 금강을 도강하여 가림성 공격논의를 할 필요가 없었을 것이며, 수군도 백강구 전투가 아닌 서해상에서의 해전을 치르고 동진강에서 회합하여 육군을 도강시켜야 육군이 위금암산성으로 진격할 수 있었을 것이다.

그리고, 663년 주류성 공격 시에 백강을 안성천의 백석포나 아산만으로 비정할 경우 육군이 공주에서 출발하여 안성천의 백석포나 아산만까지 가고, 수군은 금강을 빠져 나가 안성천의 백석포나 아산만으로 가서 육군과 수군이 회합한 후에 다시 내려와 각기 주장하는 연기지방의 주류성(금이성) 또는 홍성지방의 주류성(학성산성)으로 진격하여야 한다는 모순에 빠지게 된다. 이 경우 모두 백강구 밖에 정박하고 있었던 왜 선단과 만나 백강구 전투가 아닌 해전이 벌어졌어야 하며, 아울러 가림성이 위치하고 있는 임천지방에는 지나갈 행로가 성립하지 않기 때문에 가림성 전투 논의 자체가 이루어질 수 없다고 하겠다.

둘째는, 신라군이 문무왕 3년(663) 지수신이 항거하는 임존성을 10월 22일부터 공격하였으나 이기지 못하고 11월 4일 군사를 돌이켜 설리정(舌利亭)으로 후퇴하고 있다.

이때, 신라군이 임존성을 공격하다 군사를 돌이키게 된 이유에 대해서 같은 내용을 기록한 『삼국사기』 김유신전에는 ”군사들이 피곤하여 싸우기를 싫어하였다.“고 하고 있어, 신라군이 ‘설리정’으로 군사를 돌이킨 가장 큰 이유가 신라군에 대한 사기를 진작시키기 위한 것임을 알 수 있다.

또한, 이 설리정에 당군이 진영을 설치하고 머물러 있었다는 것이다. 당군이 왜 설리정에 머물러 있었을까? 그것은 바로 나당군이 백제부흥군의 왕성인 주류성을 함락시킨 후 신라군이 계속 북진하여 임존성을 공격하고 있는 동안 당군은 설리정에 계속 머물러 휴식을 취하고 있었음을 알 수 있는 것이다. 그리하여, 신라군이 군사를 돌이켜 논공행상을 하면서 설리정 진영에 머물러 있었던 당군에게도 의복을 지어 나누어주고 있다. 그리고,

설리정에서 군사들의 사기를 진작시킨 문무왕은 11월 20일에는 신라의 왕경 경주에 도착하여 김유신에게 밭 5백결을 하사하는 등 대대적으로 포상하고 있다.

신라군이 군사를 돌이킨 '설리정'은 바로 현재의 서천군 관내에 해당하고 있으니, 『대동지지』 서천 연혁조에 의하면, "본래 백제의 설림(舌林)으로 신라가 설리정(舌利停)을 두고 경덕왕 16년에 서림군(西林郡)으로 고쳐 웅주에 예속시켰다.…중략…본조 태종 13년에 서천군으로 고쳤다."고 하여, 서천은 본래 백제의 설림으로 신라가 설리정이라 지명으로 고치고 군영을 설치하고 있음을 알 수 있다. 그러면 왜 임존성 공격에 실패한 신라군이 임존성에서 가까운 웅진성으로 가지 않고 멀리 떨어져 있는 '설리정'으로 가게 되었을까? 그리고, 당군은 왜 신라군이 임존성을 공격하고 있는 동안 이 설리정에서 머무르고 있었을까?

이것은 바로 서천군 관내에 있던 백제부흥군의 왕성인 주류성을 함락시키고 신라가 백제부흥군의 구심점을 없애기 위해 주류성의 지명을 설리정으로 변경하고 군사거점의 하나인 정(停)을 설치하였음을 알 수 있다. 이는 나당군이 660년 백제의 도읍인 사비성을 함락시키고 이곳에 나당군을 주둔시키고 있었던 사실과 문무왕 11년 신라의 대당전쟁 시 사비성일대를 확보한 신라가 그 곳에 소부리주를 설치하고 있는 것과 맥락을 같이 하는 것이다.

그리하여, 임존성 공격에 실패한 신라군이 '설리정' 즉 백제부흥군의 왕성이었던 주류성으로 군사를 돌이켜 논공행상함으로써 저하된 신라군의 사기를 북돋우고 있으며, 주류성 함락이후 계속 이곳 군영에 머무르고 있었던 당군에게도 의복을 지어 나누어 준 것이라 하겠다. 이로 볼 때, 주류성은 현 서천군 관내에 위치하고 있다는 것이 명백하다고 하겠다.

주류성의 위치에 대해서는 아직 확실치 않다. 왜(倭) 구원군이 서천군 관내의 서해상 항구로 상륙하지 않고 집요하게 현재의 금강인 백강으로 진입하고자 시도했던 것은 주류성이 금강 북안(北岸)에서 멀지 않은 지점에 위치하고 있었기 때문이라고 하겠다. 이를 충족시킬 수 있는 입지적인 조건으로 현재 서천군 기산면과 한산면 경계에 입지하고 있는 영모리산성이 주목된다. 아직 간단한 분포조사 외에 고고학적인 조사가 이루어지지 않은 상태이나 내성과 외성으로 구획되어 있으며, 건지산성과도 인접되어 있어 현재로서는 가장 가능성이 크다고 하겠다. 이 영모리산성에 대한 고고학적인 조사가 이루어져 주류성의 전모가 밝혀지길 기대한다.

백제부흥운동의 종말을 알린
백강구 전투

양 기 석

충북대학교 명예교수

백제 부흥운동이 불꽃처럼 타오르다

660년 7월 18일 백제 의자왕(義慈王, 재위 641~660)이 항복을 하자 신라와 당 연합군은 왕도 사비도성과 북방의 웅진성을 점령하고 웅진도독부(熊津都督府)를 설치하여 백제의 옛땅을 지배하려 하였다. 그런데 백제가 멸망한지 얼마 안 되어 각처에서 부흥운동이 일어났다. 백제 부흥운동은 주류성(周留城)과 임존성(任存城)을 주요 거점으로 하여 3년여에 걸쳐 전개되었다.

백제 부흥운동은 좌평 정무(正武) 등이 660년 8월부터 부흥운동을 시작한 이래 664년 3월 사비산성의 부흥운동군이 웅진도독에게 공파당할 때까지 3년 7개월에 가까운 기간 동안 전개되었다. 부흥운동은 신·당연합군에 의해 무너진 국가의 사직을 재건하기 위해 백제 유민들이 힘을 합쳐 국가체제를 갖추고 무장투쟁을 전개하였고, 신라와 당이 이들을 무력으로 진압하면서 종말을 맞게 된 것이다. 따라서 부흥운동이 백제유민들이 주체가 되어 백제 국가의 재건과 부흥을 목적으로 자주적으로 일으킨 점에서 웅진도독부에 참여한 백제계 관료들이 벌인 반신라활동을 백제부흥운동의 연장선상에서 파악하는 견해와는 확연히 구별이 된다. 이 점에 유의해 볼 때 부흥운동은 그 전개과정에 따라 대체로 세 시기로 나누어 볼 수 있다.

제1기는 좌평 정무(正武)·달솔 여자진(餘自進)·복신(福信) 등이 백제유민들을 규합하여 신·당 연합군을 공격하기 시작한 660년 8월부터 661년 8월까지로 초기 부흥군이 각처에서 일어나 백제를 부흥시키기 위해 신·당 연합군과 치열한 전투를 벌인 시기이다. 제2기는 661년 9월 왜국에 체류하고 있던 부여풍(扶餘豊)이 왕위에 오른 이후부터 신라의 2차 대공세가 시작되는 663년 2월까지이다. 부흥군이 왜국에 체류 중인 풍왕을 옹립하여 국왕으로 삼아 정통성을 확보하였고, 국가 체제를 갖추어 신·당군의 군량보급로를 차단하는 시기이다. 제3기는 부흥군과 신·당군 간에 대회전을 앞두고 군세 확장에 나선 663년 3월부터 부흥운동이 소멸되는 664년 3월 사비산성의 봉기까지로 부흥군의 최후 항전기이다. 이때는 부흥군의 지도층 사이에서 권력을 장악하기 위한 내분이 일어나는 등 백제부흥운동이 내홍에 빠지면서 몰락의 길에 접어들게 된다.

백강구 전투는 어떤 전투인가

663년 8월에 일어난 백강구(白江口) 전투는 660년 백제가 멸망한 뒤 백제부흥군이 주체가 되어, 이를 지원한 왜군과 힘을 합쳐 신·당군과 백강구에서 벌였던 국제적인 전투이다. 이 전투는 신·당군이 부흥군의 본거지인 주류성을 직접 공격하는 전초전으로 일어났지만, 그 성패는 이후 동아시아 국가들의 운명을 바꿔 놓았다. 백제부흥군은 이 전투의 패배로 인해 그 최후 거점인 주류성(周留城)과 임존성(任存城)을 잇달아 상실하면서 백제부흥운동의 역사를 마감하게 되었다. 패배한 백제는 역사 속으로 영원히 자취를 감추게 되었다. 고구려는 668년 당의 계속된 공격과 연개소문 사후 권력다툼으로 인한 내분으로 멸망하였고, 일본은 임신의 난[672년 6월 덴지 천황 사후 그의 아들 오토모와 동생 오아마 사이에 왕위계승을 둘러싸고 일어난 난]을 통해 정권교체를 겪었고, 종래 백제 중심의 외교관계에서 탈피하여 동아시아 역사 무대에 본격적으로 등장하는 계기가 되었다. 또한 율령국가 체제를 점차 갖추어 나가면서 천황 중심의 고대국가가 출범하게 되었다. 반면 이 전투에서 승리한 신라는 삼국 통일의 대업을 완수할 수 있게 되었고, 당은 태종대의 '정관(貞觀)의 치(治)'를 이어 동아시아 강국으로 군림하는 대제국이 되었다.

그렇지만 백강구 전투는 몇가지 측면에서 역사적 의미를 갖고 있다. 백강구 전투는 한반도의 백제부흥군과 신라, 중국의 당 나라와 일본열도의 왜국 등이 참전하여 고대 동아시아사상 국제전의 양상을 띠고 전개되었다. 당의 잇달은 침공에 시달리고 있던 고구려는 비록 군대를 파견하지는 못했지만 신·당연합군에 대항하기 위한 활발한 외교활동을 벌여 백제부흥군과 왜국 연합진영에 가담하여 힘을 보탰다. 전쟁의 양상도 활발한 외교전 못지않게 많은 수의 육군과 수군을 동원한 고대 동아시아사상 큰 규모의 전투가 한반도에서 처음 벌어진 점 또한 우리가 주목하는 바이다. 이후 동아시아 세계에서 당, 신라, 발해, 일본의 새로운 국제 관계의 출현을 알리는 서곡이 되었다.

부흥군 지도층이 내분에 휩싸이다

복신이 도침을 살해하다

부흥군은 신·당군과 여러 곳에서 치열한 전투를 벌이는 동안 뜻하지 않게 내분이 일어나 점차 몰락의 길을 걷게 되었다.

첫 번째 발단은 부흥군 지도부의 핵심 인물로 양대 축인 복신과 도침 사이에서 일어났다. 661년 3월의 웅진강구 및 두량윤성 전투 이후 복신이 도침을 살해한 사건이 일어난 것이다. 복신의 행적은 그의 유명세와는 달리 잘 알려져 있지 않다. 그는 왕족에서 갈라져 나온 귀실씨(鬼室氏) 가문으로서 거병을 하였을 때 제5위 한솔(『유인원기공비』) 또는 제3위 은솔(『일본서기』) 관등이었다고 한다. 백제가 멸망하기 전에는 비교적 두드러진 활동을 한 것은 아닌 것 같다. 그럼에도 그의 존재가 부각되기 시작한 것은 사비성 함락 직후 임존성에서 당군의 공격을 격퇴하는데 큰 역할을 하면서부터였다. 이후 부흥군의 활동이 점차 남쪽으로 확대되면서 그의 군사적 역량이 더욱 돋보이게 되었고, 이로 인해 부흥군의 중심적 리더로서의 높은 명성과 위치를 갖게 되었다. 『일본서기』 제명기 6년 9월 기사에서 "나라사람들이 이들을 높여서 '좌평 복신', '좌평 자진(自進)'이라고 불렀다. 오직 복신만이 신기하고 용감한 꾀를 내어 이미 망한 나라를 부흥시켰다"고 한 기록이 이를 뒷받침해준다. 661년 9월 복신은 왜국에 체류 중인 왕자 부여풍을 국왕으로 옹립하여 부흥백제국의 정통성을 확보하였고, 왜국의 군사 원조까지 확보함으로써 각지에서 산발적으로 일어난 부흥군의 구심점 역할을 하였다. 복신은 부흥군의 단순한 리더가 아니라 국왕을 보필하는 명실공한 실권자의 위치에 오른 것이다. 이 과정에서 그는 자신의 세력 기반을 구축하였고, 스스로 상잠장군(霜岑將軍)이 되어 군사지휘권을 행사하는 중심적 위치에 서게 되었다.

한편 부흥군에서 복신과 쌍벽을 이룬 인물이 도침(道琛)이다. 그는 승려인 것은 분명하지만 그 역시 가계와 행적이 알려져 있지 않다. 백제가 멸망하자 도침은 승군을 조직하여 복신과 함께 부흥군의 두 중심축 역할을 하였다. 이들은 초기 부흥운동사에서 중심적인 인물로서 서로 협조하면서 부흥군의 군사 작전을 주도해 나갔다. 도침은 한때 부흥군의 성세에 힘입어 스스로 영군장군(領軍將軍)이 되어 복신과 함께 군사 지휘권의 한 축을 행사하기도 하였다.

그런데 이유는 분명치 않지만 풍왕의 귀국 이후 복신과 도침 사이에 반목과 대립이 심화된 것이다. 아마 부흥군에 대한 총지휘권을 둘러싼 권력 투쟁의 결과와 관련이 있었을지도 모른다. 도침이 거느린 부흥군은 661년 3월 웅진강구 전투에서 당군에게 크게 패배한 반면 복신의 군대는 두량윤성(정산 계봉산성) 전투에서 신라군을 격퇴하여 대승을 거둔 일이 있었다. 그런데도 도침은 당의 장군 유인원이 보낸 사신을 홀대했을 뿐 아니라 또한 유인원에게 회신을 보내지 않을 정도로 독단적인 행동을 서슴지 않았다. 웅진강구 전투에서의 패배와 함께 도침의 이런 거침없는 행동은 복신과의 불화와 반목을 일으키는 요인이 되었을 것이다. 이면에는 두 사람 사이에 부흥군에 대한 총지휘권을 장악하려는 의도가 내재되어 있었을 것이다.

결국 복신이 도침을 죽인 후 도침이 거느리고 있던 군대까지 수중에 넣어 군사지휘권을 완전히 장악하였다. 도침이 살해된 시기는 알 수 없지만 대략 662년 7월 이전 어느 시기로 생각된다. 도침이 제거됨으로써 국가 운영의 실권은 복신에게 집중되었다. 이에 풍왕은 아무런 실권이 없고 단지 제사나 주관하는 상징적인 존재에 불과하였다.

풍왕이 복신을 제거하다

사비도성 함락 후 부흥군이 각지에서 봉기하여 신·당군을 물리치고 망한 백제를 일으켜 세우고자 했을 때 그 구심점 역할을 할 수 있는 국왕이 필요하였다. 이때 대부분 왕자들은 의자왕과 함께 포로가 되어 당으로 끌려갔기 때문에 국내에는 왕위를 계승할 왕자가 없었다. 다행히 왜국에는 백제의 왕자로 부여풍·용(勇)·충승(忠勝)이 체류하고 있었다. 세 명의 왕자 중 '백제 태자'로 기록된(『일본서기』 황극기 2년) 부여풍이 가장 유력한 왕위 계승자였다. 그는 규해(糺解)라고도 불리웠는데, 분명치 않지만 무왕(또는 의자왕)의 왕자로서 631년(또는 653년) 경 우호관계 개선을 위해 왜국에 질자로 파견되어 체류 중이었다.

부흥군의 핵심인 복신은 660년 10월에 좌평 귀지(貴智) 등을 왜국에 보내 구원군을 청하고 아울러 풍의 귀국을 요청하였다. 이에 왜국은 661년 9월 복신의 거듭된 요청을 받아들여 부여풍과 그의 처자 및 숙부 충승(忠勝)

등을 백제에 보냈다. 또한 대산하(大山下,종6위) 사이노무라치아치마사(狹井連檳榔)와 소산하(小山下,14위) 미야쓰코에치노다쿠쓰(秦造田來津)에게 군사 5천 명을 주고 부여풍을 호위하도록 하였다. 부여풍이 귀국한 후 662년 정월에 왜국은 복신에게 화살 10만 개를 비롯하여, 실·베[布]·쌀 종자 등 무기와 군수물자를 보냈으며, 3월에는 부여풍에게 베[布] 300단을 주었다. 이렇게 풍이 백제의 국왕으로 즉위함에 따라 부흥군은 명실공히 망한 백제를 계승한 국가 체제를 회복하게 되었다.

풍왕은 외형상 국왕이 되었지만 국내의 세력기반이 없는데다가 국내 사정마저 어두웠다. 모든 정치 군사적 실권은 오로지 복신의 장악 하에 있었다. 풍왕이 기댈 수 있는 것은 그의 일부 지지세력과 그를 호위해서 따라온 왜국군 5천 명이 있을 뿐이었다. 따라서 풍왕은 복신의 세력을 약화시키고 자신의 세력 기반을 구축하려는 일을 추진하였다. 풍왕은 662년 12월에 땅이 비옥하고 물자가 풍부한 피성(避城, 김제 성산)으로 천도를 단행하였다. 그러나 천도를 단행한지 겨우 두 달여가 지난 663년 2월에 부득이 피성을 버리고 주류성으로 환도를 하였다. 그 이유는 피성이 지대가 낮아 방어하기 어려운 데다가 663년 2월에 신·당군에 의해 점차 군사적 압박을 받는 형세가 되었기 때문이다.

이에 따라 피성 천도를 주도한 풍왕의 정치적 입지는 크게 약화되었다. 피성 환도 이후에 복신은 군사적 실권 뿐 아니라 정치적 실권을 더욱 공고하게 장악하였다. 반면 풍왕은 단지 제사권만 갖고 있을 정도의 상징적인 존재에 지나지 않았다. 이로 인해 풍왕과 복신 사이에는 남모르는 질시와

암투가 생겨났다. 외래파인 풍왕과 토착파인 복신 사이에 접점을 찾기 어려운 불신과 갈등 요인이 작용하게 되었다.

　그러던 중 663년 5월 1일 왜군 27,000명을 거느린 이누카미노키미(犬上君)는 고구려에 백제 출병 사실을 알리고 돌아와서 석성(부여 석성산성)에 주둔하고 있을 때 풍왕이 이누카미노키미를 만나 복신의 죄를 거듭 말한 적이 있었다. 복신의 죄라는 것은 복신이 전권을 행사하고 있다는 데에서 나온 풍왕의 불만을 말한 것이다. 아울러 풍왕이 왜장에게 복신을 제거할 뜻을 밝히고 왜군의 지지를 요청한 것으로 해석된다. 이러한 풍왕의 행동은 복신과 더욱 틈을 벌여 불화를 일으키는 계기가 되었다. 이에 복신은 병을 핑계로 문병을 온 풍왕을 사로잡아 죽이려는 계획을 갖고 있었다. 그러나 663년 6월 복신의 음모를 사전에 눈치챈 풍왕은 복신의 계교를 역이용하여 오히려 복신을 사로잡아 죽였다. 이로써 부흥군의 주도권은 풍왕이 장악하게 되었다. 복신의 피살은 부흥군의 앞날에 일어날 불길한 전주곡이었다. 부흥군이 추구하던 백제 부흥의 꿈도 함께 사라질 위기에 처하게 된 것이다.

기세가 꺾인 부흥군이 어떤 대책을 마련했나

고구려에 도움을 청하다

백제 의자왕(재위 641~660)때에 들어와서도 백제의 신라 공격은 멈추지 않았다. 고구려는 백제와 신라가 전쟁을 하는 동안 일방적으로 백제나 신라의 어느 편도 들지 않았다. 643년 11월 백제가 당으로 가는 조공로의 요충인 당항성(화성 당성)을 대대적으로 공격할 때 고구려와 연합했다는 소위 연화설이 신라에 의해 제기되었지만, 실제 고구려는 이 전투에 참여하지 않았다. 그러나 645년 이후 당이 고구려 공격에 나서고 친당정책을 추구하는 신라 편에 서면서 고구려와 백제는 신라와 당의 결합을 막아야 한다는 공동 인식을 갖게 되었다. 652년 백제는 새로이 즉위한 당 고종에게 사신을 보낸 것을 끝으로 당과의 외교관계를 단절하였고, 고구려와 동맹을 모색하는 친고구려 정책으로 전환하였다. 고구려와 백제 두나라가 힘을 합쳐 신라를 공격함으로써 고구려·백제 동맹 결성에 한걸음 다가서게 되었다. 655년 정월 고구려와 백제는 말갈과 함께 신라 북변의 33성을 공격한 일이 이를 뒷받침해준다.

한편 고구려와 왜국의 관계는 적극적인 양상을 보였다. 고구려는 656년 8월에 81명에 달하는 사절단을 왜국에 보냈고, 9월에 왜국에서 답사를 보내는 등 양국 관계는 급속도로 가까워졌다. 이는 당과 동맹을 맺은 신라를 배후에서 견제하려는 의도에서였다. 655년 사이메이(齊明) 천황이 진백제정책을 적극 추진하면서 백제와 군사적인 협력관계로 발전하게 되었다. 이로써 7세기 중반 한반도 정세는 신·당 연합세력 대 백제·고구려·왜국 연합세력 간의 대결 양상이 전개되었다. 그러나 660년 신·당 연합군이 백제를 공격하였을 때 고구려나 왜국의 어떠한 도움이 없었던 것으로 보면 백제·고구려·왜국의 관계는 신·당관계에 비해 느슨한 동맹관계에 머물러 있었음이 짐작된다.

백제가 부흥운동을 일으키는 과정에서 도움이 필요한 나라는 고구려와 왜국이었다. 백제가 신·당 연합군에 의해 멸망하는 직후 660년 10월에 고구려가 칠중성(파주 적성)을 포위 공격한 사실이 있다. 고구려가 신라의 주력군이 백제로 이동한 것을 간파하고 칠중성을 공격한 것은 간접적인 지원 형태로 백제를 지원하였음을 보여준다. 부흥운동기 당시 고구려는 신·당군으로부터 계속된 공격을 받고 있었기 때문에 백제에 군사를 파견하여 부흥군을 직접 지원할 여력이 부족한 상태였다.

백제부흥군이 웅진부성을 압박하고 당군에 공급할 군량미 보급로를 차단함으로써 661~662년 신·당군에 의한 평양성 공격때에 군량미 보급을 지체시키는 역할로 도움을 주었다. 663년 5월 이누가미노기미(犬上君)가 왜국 지원군의 백제 출병 사실을 고구려에 알리고 장차 왜국과 고구려가 남북으로 협조하여 신·당군에 대응할 전략적인 문제를 상의하였다. 그리고 나서 그는 백제로 와서 부흥군의 풍왕을 석성에서 만난 사실이 있었다. 663년 8월 백강구 패전 후 풍왕과, 같은 해 11월 임존성 함락때 지수신이 모두 고구려에 망명한 일도 있었다. 이런 배경에는 부흥군과 고구려 사이에 상호 연계 고리가 형성되어 있었음을 짐작케 한다.

이처럼 고구려와 백제의 관계는 긴밀한 공조 체제가 현실적으로 운용되지 못한 채 간접 형태의 군사 지원에 국한되어 있었던 반면 백제와 왜국 사이의 관계는 한반도 출병을 통한 직접적인 군사협력관계에 있었던 것이다.

왜국에 구원 요청을 하다

왜국은 4세기 후반 백제와 국교를 맺은 이후 긴밀한 우호 관계를 유지해 왔고, 6세기 후반 이후 고구려와도 우호 관계를 유지하였다. 그러나 645년 나카노오에(中大兄) 왕자와 개혁파 나카토미노 가마타리(中臣鎌足), 그리고 다카무쿠노 쿠로마로(高向黑麻呂) 등 중국 유학생 출신의 엘리트들이 중심이 되어 쿠데타를 일으켜 소가(蘇我)씨를 타도하고 고토쿠(孝德) 천황을 세워 개신(改新) 정치를 추진하게 되었다. 이에 따른 외교노선의 변화가 생겼다. 왜국은 기존의 친백제노선을 탈피하고 신라·당과의 교류를 활발히 하면서 친신라-당 노선을 지향하게 되었다. 그런데 이러한 외교노선 변경에 대한 반발이 뒤따랐다. 당시 왜국 조정은 친백제-고구려 세력과 친신라-당 세력이 서로 대립을 하는 형국이 되었다.

그러나 사이메이(齊明, 재위 655~661)가 천황이 되어 권력을 장악하자 다시 친백제-고구려 노선을 표방하게 되었다. 655년에 백제는 사이메이 천황의 즉위를 축하하기 위해 150명의 대규모 사절단을 파견하였다. 이어 656년 8월에 고구려도 81명의 사절단을 왜국에 파견하였다. 이에 대한 보답으로 왜국은 656년 9월 고구려에, 657년 백제에 각각 답사를 파견하였다. 이때 백제와 고구려에서 파견된 대규모 사절단은 왜국에서 백제-고구려-왜국으로 연결되는 군사협력관계를 강화하기 위한 노력을 기울였다. 왜국이 백제·고구려와 손잡고 신라·당에 대항하겠다는 의사 표시를 한 것이다. 당시 정규군이 없던 왜국은 백제와 고구려로부터 지도와 조언을 받아 군사훈련을 실시하게 된 것은 이러한 삼국 간의 군사협력체제 결성에 따른 성과라 할 수 있다.

이처럼 왜국의 백제 구원 결정은 사이메이 천황대의 친백제 노선을 전제로 하여 성립된 것이다. 백제는 신라와 당으로부터 군사적 위협을 받고 있었으며, 고구려도 매년 당의 침략을 받고 있었기 때문에 왜국과의 관계 강화가 절실히 요구되었다. 왜국은 백제 멸망 두 달 후인 9월에 달솔 사미각종(沙彌覺從)을 통해 백제 멸망과 부흥운동 거병 소식을 알게 되었다. 660년 10월에 복신은 왕자 부여풍[『일본서기』의 풍장(豊璋)]의 귀국과 구원병 파병을 왜국에 요청하였다. 이에 사이메이 천황은 660년 12월 백제 구원을 결정하고 아스카(나라)를 출발하여 나니와(오사카)를 거쳐 규슈 북부지역을 순회하며 한반도 출병을 위한 구원군 모집을 진두지휘하였다. 그러던 중 661년 7월 24일에 사이메이 천황은 백제 구원을 준비하다가 아사쿠라궁(朝倉橘廣庭宮)에서 급사하였다. 661년 4월 복신이 재차 풍의 귀국을 요청함에 따라 661년 9월 마침내 풍이 귀국하여 부흥군의 국왕이 되었다. 이때 왜군 5천 명의 별군(別軍)이 170척의 배로 풍을 호송하였다. 5천 명의 풍왕 호송군은 부흥군을 지원한 첫 왜군 구원병이었다. 663년 정월에 덴지

(天智, 재위 668~672) 천황이 복신에게 군수품과 식량을 제공하였다. 663년 3월에 본대 전장군 카미츠케노(上毛野軍稚子) 등이 거느린 왜국 구원군 27,000명이 배 400척에 나누어 타고 백제에 파견되었다. 이처럼 백제 구원군으로 파견된 왜군은 모두 32,000명에 달하는 대규모 병력이다. 고대에 대규모의 왜군이 한반도에 거국적으로 파병된 예는 이번이 처음이다.

그러면 왜국이 대규모의 구원병을 백제부흥군에 파견한 근본적인 이유는 무엇인가? 당 태종의 고구려 정벌에서 시작된 당의 동방정책은 백제 멸망과 신라의 기미주체제 편입, 그리고 고구려의 멸망으로 이어졌으며, 그 과정에서 왜국은 궁극적으로 당의 팽창의 희생물이 될 지도 모른다는 위기감을 갖고 있었다. 왜국은 당과 고구려의 대결이라는 동아시아의 군사적 대립 구조에서 자유로울 수 없었다. 당에 대한 현실적인 불안감은 만약 당이 한반도에 패권을 확립하고 나면 다음 표적이 왜국이 될 거라는 위기의식의 발로에서 기인한 것이다. 따라서 왜국이 백제 구원을 서두르게 된 것은 고구려와 협력하여 백제부흥운동을 도와 당과 신라를 백제 땅에서 몰아내고 백제를 부흥시킨다면 당과 신라가 왜국을 침공하는 일이 없을 것이라고 믿었기 때문이다. 따라서 왜국의 입장에서 볼 때 왜국의 부흥운동 지원은 곧바로 왜국 자신을 방어하기 위한 전초전의 성격으로 받아들여졌다.

이에 대해 일본 학계에서는 당을 중심으로 하는 대제국주의와 한반도 남부를 지배하던 일본의 소제국주의가 충돌한 고대 제국주의 전쟁으로 보는 설이 지배적이다. 백제가 왜를 대국으로 보는 반면 왜는 백제를 속국 또는 조공국으로 간주하는 입장을 견지하고 있다. 이 견해는 일본이 고대 한반도 남부를 지배했다는 임나일본부설을 긍정하는 인식 위에서 나온 것으로 사실이 아니다. 이는 고대 일본의 위상을 당과 대등하게 보려는 『일본서기』 편찬때 윤색된 일본 중심의 폐쇄적인 천하 인식에서 나온 잘못된 이해에 불과하다. 왜국의 구원병 파견은 무엇보다도 백제의 전통적이고도 지속적인 친왜국정책에서 나온 외교술의 산물이라는 점을 간과해서는 안된다. 요컨대 왜국의 대규모 구원군 파견은 신·당군의 군사적 위협에 직면한 부흥군의 집요한 요청에 의한 것이고, 또한 고조되는 대외 위기감 해소를 위해 선제적 방어를 선택한 왜국의 이익에 의해 성사된 것으로 볼 수 있다.

두 진영이 백강구에 집결하다

백강구는 어디인가

부흥군과 왜군 연합세력이 신·당 연합세력을 맞아 대회전을 벌인 곳은 바로 백강구(白江口)였다. 백강구는 백강의 입구를 뜻하며, 부흥군의 중심지인 주류성(周留城)에 진입하는 길목에 위치한 전략적 요충지이다. 하지만 백강구의 위치에 대해서는 금강 입구설, 동진강 입구설, 안성천 하구의 백석포설, 즐포내포설, 아산만설 등 서로 다른 다양한 견해들이 제시되고 있다. 현재 금강 입구설과 동진강 입구설이 가장 유력하다. 다만 백강구의 위치를 비정할 때에는 첫째, 부흥군의 중요 거점성인 주류성과 가까워야 한다는 점, 둘째, 당의 수군 170척과 왜국 수군 4백 척(또는 1,000척)이 한데 어울러져 싸울 수 있는 넓은 공간이 있어야 한다는 점, 셋째, 660년 소정방이 이끄는 당군이 백제로 진공할 때 처음 상륙한 웅진강구의 위치 등을 고려해야 한다.

첫 번째는 주류성의 위치를 비정하는 견해와 깊은 관련이 있다. 주류성의 위치에 대해서는 백강구와 마찬가지로 동진강 입구설과 한산 건지산성설이 가장 유력하다. 663년 웅진성에서 출발한 신라 육군이 가림성(임천 성흥산성)을 우회하고 두량윤성(정산 계봉산성)을 함락시킨 후 주류성을 포위 공격하였다. 가림성이나 두량윤성 모두 금강 북안에 위치한 곳이다. 신라 육군이 동진강 방향으로 진군했다면 웅진성에서 굳이 금강 이북에 위치한 가림성을 우회하고 두량윤성을 거쳐 갈 필요가 없이 금강 남쪽으로 계속 진군하면 된다. 백강구가 금강 입구라면 주류성은 금강 입구 기벌포에서 가까운 금강 북쪽 서천 지역에서 찾는 것이 합리적일 것이다. 한산 건지산성도 그 후보 중에 하나가 될 것이다.

두 번째는 금강 입구가 왜 수군과 당 수군이 대규모 선단을 이끌고 와서 접전을 벌일 수 있는 적합한 조건을 갖고 있다. 당 수군이 백강 입구에 도착하여 육군과 합류한 후 대기하고 있다가 다시 진입한 왜 수군을 공격하여 화공책으로 왜선 400척을 불태웠다. 이런 상황을 연출하는데에는 동진강 입구쪽보다는 금강 입구쪽이 훨씬 적합한 편이다.

셋째는 660년 당군의 백제 공격루트를 검토할 때 웅진강구의 위치를 찾는 방법이다. 중국사서인 『구당서』·『신당서』·『자치통감』 등에 의하면 소정방이 이끄는 당군이 처음 상륙한 지점은 '웅진강구' 혹은 '웅진구'로 기록되어 있다. 중국인들이 강의 명칭을 사용할 때에는 발원지에서 강 하구까지를 총칭해서 부른다. 따라서 중국 사서에는 금강을 '웅진강', 그 입구를 '웅진강구'로 기록하였다. 백제인들이 금강을 백강이라 부르고 그 입구를 백강구 또는 기벌포라 불렀던 예가 있다. 501년 동성왕을 살해한 위사좌평 백가가 가림성에서 반란을 일으켰다가 사로잡혀 처형당한 후 강물에 던져진 곳이 백강이었다. 가림성은 현재 부여 임천의 성흥산성에 해당함으로 이때의 백강은 부여를 관통하여 흐르는 백마강 즉 금강의 하류를 지칭한다. 656년 성충이 홍수와 마찬가지로 적의 수군이 상륙하는 것을 저지할 수 있는 요충으로 꼽은 기벌포도 금강 입구 백강구를 지칭한다. 웅진강구는 결국 백강구이고 금강 하구를 지칭함에 틀림이 없다.

그런데 금강 입구를 지칭하는 또다른 명칭이 있다.『삼국유사』기이 편 태종춘추공조에는 기벌포(伎伐浦)의 별칭으로 '장암(長巖)', '손량(孫梁)', '지화포(只火浦)', '백강(白江)'이 소개되어 있다. 기벌포는 신라때 명칭으로 현재 서천군 장항읍 장암동인 '질구지개'에 해당한다. 장암은『세종실록지리지』에 의하면 서천군 남쪽에 수군만호가 지키던 곳이었는데 이곳 또한 금강 하구에 위치한다. 결국 기벌포와 백강(구)은 동일한 장소로 다른 명칭에 불과함을 알 수 있다.

한편『일본서기』에는 '백촌강(白村江)'이란 명칭이 사용되고 있다. 그런데 문무왕 11년 7월조에는 백강구 전투가 벌어지기 전에 왜국 수군 1천 척이 백사(白沙)에 정박한 것으로 기록하고 있다. 백촌을 '백사의 마을'로 보아 현재의 서천군 마서면 남전리의 백사리 또는 백사장으로 보기도 하지만, 주류성으로 진입하는 백강의 강변에 있는 한 지점으로 이해하면 좋을 것 같다.

요컨대 백강구는 고대 이래로 기벌포, 웅진강구, 백촌강 등으로 불리웠으며, 현재의 금강 입구를 가르키는 것으로 보아야 할 것이다. 백강구를 부안 동진강이나 아산만, 또는 안성천 입구로 볼 경우 660년 소정방이 이끄는 당군의 백제공격 과정을 합리적으로 설명하지 못하는 모순이 생긴다.

신·당군이 주류성 공격에 착수하다

신·당군이 그동안의 열세를 만회하고 전세를 역전시킨 전환점은 662년 7월 전투였다. 웅진부성에 이르는 군량미 보급로를 안정적으로 확보하기 위해 부흥군에 대한 대공세를 전개하였다. 그 과정에서 웅진 동쪽·지라성(대전 회덕 질현성)·(급)윤성·대산·사정책(대전 사정동산성)·진현성(대전 흑석동산성)·내사기성(대전 유성산성) 등 대전지역 일대의 요충을 장악하였다. 663년 2월에 신라는 두 방향으로 군대를 나누어 2차 대공세를 전개하여 부흥군의 동남쪽 백제 5방성의 하나인 덕안성(은진 매화산성)과 백제 남부지역 4개 주를 장악하였다.

이처럼 662년 7월과 663년 2월 두차례에 걸쳐 신·당군이 치열한 공세를 전개한 결과 부흥군은 여러 전투에서 패배하여 웅진 동쪽지역과 남부지역을 신라에 빼앗기는 매우 불리한 상황이 되었다. 부흥군의 세력권은 점차 축소되고 웅진 서쪽지역에 국한될 정도로 위축되었다. 더구나 복신이 도침을 죽이고 풍왕이 복신을 살해하는 등 부흥군 지도층 사이에 내분이 잇달아 일어나면서 부흥군의 사기는 크게 떨어졌다. 위기에 처한 부흥군은 왜국에 파병과 군수 물자 지원을 적극 요청하였다. 이러한 노력의 결과 풍왕 귀국 시 왜국 호송군 5천 명과 새로이 27,000명의 구원군 본대가 한반도 남부에 파병되어 신라군과 교전을 벌이고 있던 중이었다. 신·당군은 대규모 왜군 구원병이 부흥군에 가세하는 것을 심히 우려하였다. 때마침 일어난 부흥군 지도층 사이의 내분을 틈타 일거에 부흥군을 진압하려는 대공세에 착수한 것이다. 그것이 663년 7월에 부흥군의 최대 거점인 주류성 공격으로 나타났다.

이에 앞서 당은 웅진도독부에 증원군을 파견하여 전력을 보충 강화하였다. 손인사(孫仁師)가 출병 명령을 받은 것은 662년 7월이었다. 진현성 전투의 승리 이후 당은 유인궤의 청을 받아들여 우위위장군 손인사를 웅진도행군총관으로 삼고 산동지역인 치주(치박)·청주·래주와 강소성 연운항 지역인 해주 출신의 병사 7천 명을 징발하여 웅진도독부에 합류할 것을 명하였다. 손인사가 거느린 증원군은 수군이 포함되었을 것이다. 손인사의 증원군이 웅진도독부에 도착한 것은 10개월이 지난 663년 5월이었다. 증원군의 보충으로 당군의 사기는 크게 진작되었다. 이로써 당군은 유인원과 유인궤가 거느린 웅진도독부 소속 육군 1만 명과 손인사가 거느린 7천 명의 증원군을 합쳐서 모두 17,000명에 가까운 전력을 보유하게 되었다.

그러나 당군의 병력은 부흥군과 대규모의 왜군 연합세력을 압도할 만한 전력은 아니어서 당군의 단독적인 작전만으로는 대적할 수 없었다. 신라군과 공동작전으로 육군과 수군과의 합동작전을 벌이는 것이 부흥군 공격의 효과적인 대안임을 알게 되었다. 이에 663년 7월 17일 신라군은 문무왕이 직접 김유신·김인문 등 28명(또는 30명)의 장군들을 거느리고 출정하여 웅진성에서 당군과 합세하였다. 신라군은 육군이 주력이며, 660년 백제 정벌 때 동원한 5만 명 정도의 총전력이 참여하였을 것으로 생각된다.

얼마 후 신·당군 지휘부가 웅진성에 모여 전략회의를 가졌다. 이때 신·당군이 부흥군의 중심부인 주류성의 부흥군을 공격 목표로 정하고 육군과 수군의 합동으로 협공작전을 하기로 결정하였다. 이에 따라 육군은 문무왕이 거느린 신라군과 유인원·손인사가 이끄는 당군으로 편성하고, 웅진도독부에서 육로로 백강에 진군하기로 하였다. 수군과 군량선은 당의 유인궤·두상(杜爽)과 백제의 옛 태자였던 부여융 등이 지휘를 맡고, 웅진강에서 배를 타고 백강에서 수륙군이 합류하여 주류성에 진군하기로 정했다. 육군의 주력은 신라군이었고, 당군은 수군과 군량선을 담당하였다. 여기서 웅진강은 현재 공주 방면의 금강에 비정되며, 백강은 주류성으로 진입하는 금강 하구를 말한다.

그런데 수륙군으로 나누어 주류성으로 진격한 신·당군의 구체적인 행적은 잘 알려져 있지 않다. 그 중 전략회의에서 언급된 곳은 가림성이다. 의견이 분분했던 것은 주류성 공격루트에 가림성을 포함시키느냐의 여부 문제였다. 수륙의 요충인 가림성을 먼저 공격하자고 주장하는 의견이 있는가 하면, 가림성은 험하고 견고해서 공략하는데 많은 시간과 피해가 따른다고 하며 곧바로 주류성을 공격하자는 의견이 제시되었다. 신·당군은 논의 끝에 유인궤의 의견에 좇아 가림성을 피하고 곧바로 부흥군의 심장부인 주류성을 공격하기로 결정하였다. 가림성은 부여군 임천면 성흥산성에 비정되며, 금강 북안에 위치한다.

다음으로 기록에 언급된 곳이 두량윤성이다. 두량윤성은 문무왕이 김유신 등 28(또는 30명)명의 장군을 거느리고 두릉(량)윤성과 주류성 등을 공격하여 모두 항복시켰다는 기사(『삼국사기』 신라본기 문무왕 3년)에 나온다. 두량윤성을 '두율성(豆率城)'과 같이 주류성으로 보는 견해가 있다. 그러나 문무왕 3년조에는 분명히 신라군이 두량윤성을 거쳐 주류성을 공격한 것으로 되어 있어 두 성은 서로 별개로 보는 것이 합리적이다. 두량윤성은 현재 청양군 정산면 계봉산성에 비정되는데, 이곳은 웅진성 서쪽 50리, 사비성 북서쪽 30리 거리에 위치한다. 가림성이나 두량윤선 모두 금강 북안에 위치한다.

요컨대 신·당 육군의 진공 방향은 웅진성에서 출발하여 두량윤성을 공략한 뒤 가림성을 우회하고 주류성에 도착한 것이 된다. 신·당의 수륙군이 백강에서 합류한 것은 수군이 실고 온 군량미와 군수물자를 주류성으로 진격하는 육군에게 공급하는 일 때문이었을 것이다. 이후 육군은 곧바로 주류성으로 진격하였고, 수군은 임무를 끝내고 백강구로 나아가 이곳을 봉쇄하여 왜국 구원군의 주류성 진입을 차단하려 했던 것 같다. 이럴 경우 신·당군은 고립무원에 처한 주류성를 집중 공격하여 부흥군을 쉽게 궤멸시킬 수 있게 되기 때문이다.

부흥군이 왜국 구원군의 힘을 빌리다

백제 멸망 후 왜국 구원군이 백제에 파병된 것은 두 차례이다. 왜국의 구원군이 처음 파병을 한 것은 661년 9월이었다. 660년 10월 복신이 왜국에게 왕자 풍의 귀국과 구원군 파병을 적극적으로 요청한데 따른 것이다. 661년 4월 복신이 풍왕의 귀국을 거듭 요청한 바 있었다. 풍왕이 귀국할 때 배 170척에 5천명의 왜국 호송군이 파견되었다. 풍왕을 호송한 중심인물은 대산하(종6위) 사이노무라치아치마사(狹井連檳榔)와 소산하(종7위) 하타노미야쓰코 에치노다쿠쓰(秦造田來津, 또는 朴市秦田來津)였다. 이들은 662년 12월에 풍왕과 함께 주류성에 머물고 있었음이 확인된다. 풍장 호송군은 왜국과의 연락이 용이한 가파이빈(加巴利濱)에 주둔하였는데, 이곳은 아마 주류성으로 들어가는 길목에 있는 어떤 물가일 것으로 추정된다. 사이노무라치아치마사는 현재 나라현 사쿠라이시 출신이며, 하타노미야쓰코 에치노다쿠쓰는 비와호가 있는 시가현 에치군 출신으로 후에 두 사람 모두 백강구 전투때 전사한 것으로 추정된다.

왜국 구원군이 두 번째로 파병된 것은 663년 3월이었다. 이는 663년 2월에 달솔 김수(金受) 등 부흥군의 사절단이 신라의 공세를 전하고 구원군 본대 파견을 요청한데에서 이루어진 것이다. 백제 제2차 구원군의 규모는 전(前)·중(中)·후(後) 3개로 편성된 총 27,000명이었다. 전장군 카미츠케노노와카코(上毛野君稚子)는 동국(東國)인 현재 군마현 출신으로 지방 호족 출신이었다. 중장군 코세노카무사키노오미오사(巨勢臣前臣譯語)는 현재 나라현 다카이치군 출신으로 기내(畿內)의 대신을 배출한 유력한 씨족 출신이었다. 후장군 아베노히케타노오미히라부(阿倍引田臣比羅夫)는 661년 풍왕을 호송한 후 왜국으로 돌아왔다가 이때 다시 파견된 인물이었다. 그는 기내의 나라현 사쿠라이 출신으로 야마토 정권에 대부(大夫)로 참가하였던 유력한 씨족이며, 외교분야에서 큰 활약을 보였다. 이들 본대의 지휘관들은 동국(東國)의 군사씨족과 왜국조정의 대신을 배출한 유력 씨족을 중심으로 구성되었지만, 당시의 왜군은 정규군이 아니고 각 씨족이 거느린 사병적 성격의 군사에 지나지 않았다.

왜국 구원군 본대는 총 27,000명으로 배 400척에 나누어 타고 백제에 파견되었다. 배 1척당 약 70명 정도가 승선하였다. 661년에 파견된 풍왕 호송군 5천 명을 합하면 백제부흥군에 파견된 왜국 구원군은 총 32,000명에 달하는 대규모 병력이었다. 663년 3월에 전장군 카미츠케노 등이 거느린 백제 구원군 제1진이 먼저 왜국을 출발하여 3달 후가 돼서 신라의 사비기노강(沙鼻岐奴江)의 두 성을 공취한 것으로 알려졌다. 사비기노강의 위치는 알 수 없지만 왜국에서 한반도로 건너올 때 기항하는 곳으로 신라가 663년 2월에 뺏은 백제의 남방 4개주 지역에 포함되는 지역이었다. 이곳은 왜국과 남해안을 연결하는 남해안의 해상교통로상의 요지였을 것이다. 이 작전은 신라의 배후를 겨냥하려는 의도도 있지만, 무엇보다도 왜국 구원군에게 중요한 중간 기착지 확보를 위한 목적에서였을 것이다. 이곳에서 왜국 군사들의 휴식은 물론 식량 공급, 그리고 인력과 물자의 원활한 공급이 이루어지게 된다. 백강구 전투에서 왜국 구원군 본대 주력군 27,000명 중에서 중군 1만 명 정도만 전투에 참전한 것으로 보면 나머지 병력은 바로 중간 기착지 확보 운영을 위한 수비 병력으로 투입됐을 것으로 보인다.

부흥군의 운명을 가른 백강구 대해전

왜 수군의 주류성 합류가 좌절되다

신·당군이 부흥군의 중심거점인 주류성에 도착한 것은 663년 8월 13일 이지만 주류성을 포위 공격한 것은 8월 17일이었다. 그런데 백강구에서 당군과 왜군 사이에 대해전이 벌어진 것은 8월 27·28일 양일간에 불과하다. 이 전투에서 왜군이 참패함으로써 부흥군이 버티던 주류성이 9월 7일에 신·당군의 공격으로 맥없이 함락당하게 된다. 이것이 신·당군의 수륙군이 백강에서 합류한 이후 주류성이 함락당하기까지 전개된 과정이다. 그 전개 과정에 대해서는 각 사서에 압축적으로 서술되어 있는데다가 기록상의 차이가 있어 백강구 전투에 대한 전황을 객관적으로 복원하는데 어려움이 있다. 구원병을 실은 왜 함선이 언제 백강구에 도착하였는가를 파악하는 것이 이 문제 해결의 요체이다.

왜 함선이 백강구에 도착한 것은 대해전이 벌어진 8월 27일이 아니라 그 이전 8월 13일로 보는 것이 타당하다. 백강구 전투가 일어나기 전에 부흥군과 신라군 사이에 기병전이 발생했다는 기록이 확인되기 때문이다. 신·당군이 주류성에 도착한 8월 13일에 때마침 왜국 함선 1천 척이 주류성으로 진입하는 길목인 백사(白沙)에 정박해 있었으며, 이를 지키기 위해 부흥군의 정예기병들이 강 언덕위에 진을 치고 있었다. 왜 함선 1천 척을 지휘하는 왜장은 중군 이호하라노기미오미(廬原君臣)로 스루가국(駿河國, 현재 시즈오카)의 미야쓰코(國造)라는 지위를 가진 지방호족 출신이었다. 이호하라는 배 만들기로 유명한 스가루국 출신이기 때문에 다른 장군들보다도 운항 지식이 많았을 것이다. 이호하라의 함대는 새로 파견된 증원군이 아니라 제2차 구원군 27,000명에서 선발된 중군 소속의 전투병들이었다. 풍왕이 복신을 살해한 후 신·당군이 곧장 주류성에 쳐들어온다는 소식을 듣고 중간 기항지에 주둔한 본대 병력 중에서 이호하라 함대를 선발하여 급히 주류성에 파견한 것이다.

왜국 함선이 백사에 정박하자 풍왕이 정예기병을 거느리고 주류성을 빠져나가 백사 언덕 위에서 이호하라의 왜국 구원군을 영접하였다. 때마침 이곳 부근에 도착한 신·당군은 신라의 정예기병을 보내 부흥군의 진지를 기습 공격하여 대승을 거두었다. 8월 17일에 신·당군이 주류성을 포위 공격한 것을 보면 8월 13일에서 8월 17일 사이에 부흥군과 신라 사이에 전투가 벌어진 것임을 알 수 있다. 신라군의 기습 공격으로 인해 백제 기병이 격파되자 왜 함선 1천 척은 백사에 상륙하기를 포기하고 백강구 밖으로 물러섰다. 풍왕과 일부 부흥군은 주류성에 들어가지 못하고 왜 함선에 승선하여 백강을 빠져나간 것으로 보인다. 왜국 함선이 주류성에 합류하지 못하고 퇴각한 것은 부흥군 운명에 치명적인 결과를 낳았다.

화염과 연기로 가득찬 대해전

8월 17일 신·당군이 백제의 정예기병을 백사에서 격퇴하자 이곳에 정박했던 왜 함선은 백강 밖으로 물러났다. 육군의 주력인 신라는 일부 당군과 함께 주류성을 포위 공격하였다. 당군의 주력인 수군 함대는 왜국 수군이 다시 백강으로 진입하는 것을 막기 위해 170척의 함선을 좌우로 진열하여 백강의 강가에 정박하고 있었다. 그러던 중 8월 27일 왜국의 함선들이 재차 백강에 들어서면서 당군과 왜군 사이에 전운이 감돌았다. 왜 수군은 주류성의 부흥군과 합세하는 것이 전략의 목표이기 때문에 후방 기지로 철수할 수는 없었다. 양군의 군세는 당군의 함선이 170척, 왜군의 함선은 400척(또는 1,000척)이었다. 당군은 대형선박이었고, 왜군은 상대적으로 성능이 낮은 소형 선박이 많았다. 드디어 왜국 수군 선발대와 당 수군 사이에 전투가 벌어졌다. 왜국 수군이 당 수군을 유인하려고 공격을 시작했다. 이에 당 수군은 적편의 전력을 탐색하기 위해 적극 나서지 않고 진(陣)을 견고히 유지한 채 백강 수역을 지키고 나아가지 않았다. 27일 양군 사이에서 벌어진 소규모 접전에서 당군의 우세가 확인되었고, 왜 수군은 세불리하여 일단 후퇴하였다.

양군의 결전은 다음 날인 8월 28일에 이루어졌다. 왜 수군은 기상을 살피지 않고 백강으로 다시 진입하였다. 왜 수군은 진형을 형성하여 싸우는 것보다 용감히 돌격해 단병접전을 벌이는 방식으로 중앙의 견고한 진을 친 당 수군을 선제공격하였다. 왜 함선이 돌진해오자 당 수군은 중간 대열을 뒤로 물리고 좌우에서 왜국 수군을 당 수군 대열 속으로 끌어들이는 진법을 구사하였다. 당군이 좌우 날개로 왜군을 포위하는 형세가 된 것이다. 이에 당 수군은 때마침 불어오는 강풍을 타고 좌우에서 화공책으로 협공하고, 강의 흐름이 썰물로 바뀌어 급하게 흐르는 것을 이용하여 왜선을 치받는 등 왜 수군에 대대적인 반격을 가하였다. 왜 수군은 미쳐 뱃머리와 키를 돌리지 못하고 궤멸되고 말았다. 당 수군이 바람과 기후조건을 잘 이용하여 화공책과 당파작전으로 대처하였음을 알 수 있다. 이 사실을 중국 사서인『구당서』에서는 다음과 같이 적고 있다.

"유인궤가 왜병들을 백강 어귀에서 만나 네 번 싸워서 모두 이기고 그들의 군선 4백 척을 불사르니 연기와 불꽃이 하늘에 가득하고 바닷불을 모두 붉게 물들이니 적의 무리들이 크게 무너졌다."

백강구 전투에서 왜 군선 4백 척이 화공책에 의해 소실되고 풍왕 호송군으로 건너온 왜장 하타노미야쓰코에치노다쿠쓰를 비롯한 수많은 왜군들이 전사하였다. 663년 백강구에서 벌어진 해전에서 왜 수군은 완패했고 당군은 왜 수군을 맞아 완승을 거두었다. 당시 백강구와 주류성 일대는 한반도를 넘어 중국의 당, 일본열도의 왜 등 동아시아 세력이 참전한 국제전을 벌인 것이다.

이 전투의 패배로 인해 왜 수군 진영에 있었던 풍왕 일행은 탈출하여 고구려로 망명하였다. 그 여파가 9월 7일 주류성 전투, 이어 11월 최후의 보루인 임존성 전투, 그리고 664년 3월 사비산성 전투 등에도 미쳐 사실상 백제부흥운동이 종말을 고하는 계기가 되었다. 많은 백제 유민들이 배를 타고 왜국에 건너가게 되었는데『일본서기』에는 부흥군 패망 사실을 비통하게 적고 있다.

"주유(州柔, 주류성)가 항복했으니, 일이 어찌할 수 없게 되었다. 백제의 이름이 오늘에 끊어지게 되었다. 조상의 무덤이 있는 곳에 어떻게 다시 갈 수 있겠는가?"

백강구 전투의 패배 원인은 무엇인가

백강구 전투에서 왜의 수군이 당 수군에 참패한 이유는 무엇인가?

첫째, 전투에 앞서 주변의 지형지물 파악이나 조수, 바람 등 기상조건에 관한 고려없이 전투에 임하였다는 점이다. 이 점은 663년 8월 28일 전투에서 그대로 드러났다. "군선 4백 척을 불사르니 연기와 불꽃이 하늘에 가득하고 바닷불을 모두 붉게 물들었다"는 위의 『구당서』 기사에서 보듯이 당군이 화공책을 쓴 정황이 보인다. 화살로 공격하는 전술은 근접전 여부와 바람의 방향 여하에 따라 승패 여부가 결정된다. 당군은 강풍과 조수가 변하는 기상 조건을 잘 이용하여 근접전을 벌여 화공책과 적함을 부딪쳐 깨뜨리는 당파작전에서 큰 효과를 거두었다.

둘째, 양군이 훈련 과정과 전술 사용 면에서 차이가 있었다는 점이다. 당군은 진을 형성하고 일정한 전술에 따라 체계있게 움직인데 반해 왜군은 병사들이 돌격하여 근접전을 벌여 승부를 결정지으려 한 점에서 전술상의 차이가 있다. 당군은 일원적인 지휘체계에 따라 훈련한 반면 왜군은 개별 전투에서는 강하나 진형을 갖춘 대규모 전투에서는 상대적으로 약하였다. 이 전투에 참여한 왜군은 정규군이 없고 단지 지방 호족 휘하에 소속된 사

『무경총요』에 나오는 몽충과 해골선의 그림

현재 일본 나가노현(長野縣) 호타카 신사(穗高神社)에는 후장군 아즈미노 히라후(阿曇比羅夫, 또는 阿倍引田臣比羅夫)의 동상이 세워져 있고(위), 매년 백강전투가 벌어졌던 8월 하순이 되면 두 배가 전투를 벌이는 모습의 축제가 열리고 있다(아래).

(이경환 사진 제공)

병적 성격의 군대였기 때문에 지휘체계나 규율 및 체계적인 훈련도 미흡하였다.

셋째, 양군의 무기체계와 조선술에서도 큰 차이가 있었다는 점이다. 군선의 경우 백강구 전투에 동원한 당군의 주력함은 루선(樓船)·몽충(蒙衝)·해골선(海鶻船)·주가선(走舸船) 등이었다. 그 중 근접하여 적선을 깨뜨리는 당파작전에 적합한 대형함선은 몽충과 해골선이다. 몽충은 중국 송대에 편찬한 병서 『무경총요(武經摠要)』(1044)에 소개되어 있다. 이 배는 높고 크기 때문에 근접전에서 유리한 고지를 확보할 수 있고, 또한 당파작전에도 압도적 우세를 나타낸다. 해골선은 앞머리가 높고 꼬리가 낮으며 송골매가 앉은 자세를 취하여 빠른 속도로 움직이는데, 23명 정도의 수군이 승선한다. 백강구에 참전한 당군의 전함은 왜 함선보다 크고 견고하며, 승선 인원도 많았다.

이처럼 당군은 전술과 전략, 무기체계와 조선술, 훈련과정 등에서 압도적인 우위를 나타내며 백강구 전투의 승리를 쟁취한 것이다.

끝으로 도침, 복신의 살해로 이어진 부흥군 지도층 사이의 내분, 그리고 주류성 진공작전에 앞서 왜의 구원군이 보다 일찍 부흥군에 합류하여 신·당군에 대한 우위를 유지하지 못한 점 등도 패인의 하나로 꼽을 수 있다.

백강구 전투의 주역은 결코 당이나 왜국이 아니다. 비록 국제전 양상을 띠고 전개되었지만 그 주역은 부흥군과 신라의 역할에서 찾을 수 있다. 부흥운동사에서 당과 왜국의 역할은 부수적이었다. 당의 출병은 계속된 고구려와의 전투에서 그 배후의 기지를 확보하여 기미지배를 관철시키려는 당

　　스러져간 백제의 함성

의 동방정책의 일환이었다. 왜국은 당의 침입이라는 대외적인 위기를 맞아 국가적 이익을 확보하기 위해 참전한 것이다. 따라서 백강구 전투를 부흥군이나 신라의 주체적인 관점을 홀시하고 당이나 왜국 중심의 국제전으로 보는 것은 올바른 역사인식이 아니다.

연기 불비상에서 찾은
백제유민들의 삶

김 주 성

전주교육대학교 교수

백제는 660년 나당연합군에게 사비가 함락되고 의자왕이 당으로 끌려가게 되었다. 이에 옛 백제지역에서는 부흥운동이 불길같이 일어나게 되었다. 사비가 함락된 이후 3년 동안 끈질긴 백제유민의 항쟁은 백강전투의 패배와 함께 주류성이 함락되자 거의 끝나가고 있었다. 그 이후 약 10여년 뒤인 670년대에 제작된 7개의 불상이 연기지방(현재 세종시)에서 연이어 발견되었다. 이 불상들은 모두 동일한 조각 수법으로 제작되었다. 이 불상들이 처음 발견된 계기는 동국대 황수영선생이 학생들에게 방학 동안 자기 고장의 문화재를 조사하라는 레포트를 내주었던 것에서 비롯된다. 연기지방에 사는 학생이 제출한 레포트에서 이 불상들이 일부 언급되어 있는 것을 보고, 현지를 답사한 황선생이 연이어 불상을 발견한 것이다. 이 7개의 불상은 모두 동일한 재질의 돌(납석蠟石)을 사용하였고 조각기법도 매우 비슷하여 같은 조각가 집단에 의해 만들어진 것으로 보이고, 연기군 일대에서만 발견되어 '연기파' 불상으로도 불린다. 이러한 상징성이 반영되어 현재 7구 모두 국보 또는 보물 등 국가지정문화재로 등록되어 있다.

7개의 불상은 ①국보 제106호로 국립청주박물관에 보존 중인 '계유명전씨아미타불비상' ②국보 제 108호로 국립공주박물관에 보존 중인 '계유명삼존천불비상' ③보물 제 367호로 국립청주박물관에 보존 중인 '기축명아미타불비상' ④보물 649호로 세종시 연화사에 보존 중인 '무인명불비상·대좌' ⑤보물 650호로 세종시 연화사에 보존 중인 '칠존불비상' ⑥보물

제 368호로 국립청주박물관에 보존 중인 '미륵보살반가사유상' ⑦보물 제 742호로 동국대학교박물관에 보존중인 '삼존불비상' 등이 그것이다. 이 불상들을 '불비상'이라고 부르는 이유는 비석의 모양을 모방하여 옥개석과 받침돌 사이에 비신의 형태를 갖추고 있는 곳에 불상을 새기고 있기 때문이다.

7개의 불상이 모두 국보 혹은 보물로 지정되어 있듯이 예술적으로도 뛰어난 조각품이다. 특히 4개의 불상(①·②·③·④)에 매우 흥미로운 명문이 새겨져 있기 때문에 많은 학자들의 주목을 받았다. 먼저 연기지역에서 이렇게 특별한 불상들이 연이어 발견되고 있어 연기지역이 백제 사비시대에 어떤 위치를 차지하고 있었는지를 살펴보고, 이어서 불상의 명문과 도상을 간단하게 살펴보도록 하자.

백제 사비시기 연기지역은 어떤 곳이었을까.

연기는 오늘날 세종시로 변모되었다. 행정수도로 지정될 만큼 연기는 교통과 군사의 요지였다고 하겠다. 이것은 아마도 백제시대로부터 지금까지 위치상으로 중요도가 변하지 않았을 것으로 생각된다. 먼저 『삼국사기』 지리지에 의하면 연산군은 연기현으로 두잉지현과 매곡현으로 구성되어 있었다. 연기현은 백제 때에 두잉지현으로 불리웠다. 두잉지현의 '두'는 수

사로 '二'를 의미하며, '잉(仍)'은 '내(川)'를 의미한다고 한다. '지(只)'는 '城' 혹은 장소에 대한 보편적인 의미인 '터, 곳' 등의 기능을 하는 지명 접미사라고 한다. 이를 종합하여 고려하면 '두잉지(豆仍只)'는 '두 개의 하천이 합쳐지는 터(마을)'라는 의미로 사용되어진 것으로 파악된다. 두잉지의 본래 의미가 두 개의 천이 합쳐지는 곳이라고 한다는 것이다. 이 지역은 청주 지역으로부터 흘러온 미호천이 금강과 합류하는 곳이다. 두 개의 천이 합쳐지고 있는 만큼 교통상의 요지였다고 하겠다. 연기지역 주변의 산성을 연구한 결과도 이 점을 뒷받침하고 있다. 연기지방은 대전·보은·청주·조치원·공주 방면으로 연결되는 연결점으로, 많은 산성이 구축되어 있었다고 한다. 이 산성들이 모두 백제시대에 축조되지는 않았겠지만, 상당 수 백제시대에 축조되었다고 추정되고 있다. 특히 인근의 전의와 전동지역이 오곡이 풍부한 곡창지대였으며, 우마가 많고 철생산지 였다는 점이 연기지역의 중요성을 더해주고 있다.

　연산군을 구성하고 있는 또 다른 현으로 매곡현이 있다. 매곡현에는 신라말·고려초의 유명한 호족인 공직이 있었다. 공직은 처음 세력을 확장시킬 때는 궁예와 가깝게 지내고 있었다. 공직의 아들이 궁예의 수도인 철원에 있었던 것으로 보아 그러하다. 그런데 왕건이 쿠데타를 일으켜 궁예를 쫓아내자, 친궁예세력들이 왕건에게 반란을 일으켰다. 그 반란의 와중에 공직의 아들이 처형되고 말았다. 이에 공직은 후백제의 견훤에게 귀부하였던 것이다. 그런데 930년 견훤은 고창전투에서 왕건에게 대패하였다. 이로부터 2년 후인 932년 6월 공직은 다시 왕건에게 귀부하였다. 후삼국 당시

호족들은 자신들의 지배권을 지키기 위하여 후백제와 고려 어느 쪽에 줄을 서야만 했던 상황이었다. 특히 후백제와 고려의 경계선에 위치하였던 호족이라면 양쪽으로의 줄타기가 어려운 상황에서는 더욱 그러하였다. 공직의 경우도 궁예와 후백제 다시 왕건에게 귀부하였던 것은 그러한 예를 잘 보여주는 경우이다. 여기서 주목하고 싶은 것은 매곡현의 호족이었던 공직이 여러 차례 귀부를 되풀이했던 것은 후삼국시기에도 연산군의 매곡현이 매우 중요한 교통상의 요지이었다는 것이다. 매곡현은 940년에 회인현으로 바뀌었다. 회인현은 현재 보은군 회인으로 그 지명이 이어지고 있다. 보은에는 유명한 삼년산성이 남아있다. 삼년산성은 삼국시기 백제와 신라가 서로 격돌하였던 유명한 곳이다. 이 정도라면 오늘날 연기에 행정수도인 세종시가 들어서게 된 까닭도 쉽게 이해될 것이다.

　한편 교통상의 요지이면서 삼국의 치열한 각축장이 되었던 연기지방에는 많은 산성이 축조되었다. 이 산성들 중 가장 규모가 크고 발굴이 끝난 운주산성이 주목된다. 운주산성은 현재 세종시 전동면 청송리에 위치하고 있다. 해발고도 460m인 운주산의 정상부에 내성과 외성을 갖추고, 외성의 길이가 3,098m, 내성은 543m에 이르는 거대한 산성이다. 이 산성은 축성법상으로 볼 때 통일신라시대에 백제계 석축 산성으로 쌓아졌다고 조사되었다. 그러나 산성 곳곳에서 백제계 토기와 기와가 산재되어 있는 점으로 보아 백제시대부터 사용되었던 것으로 추정되고 있다. 인근의 송원리와 나성리 지역에서는 매우 주목할 만한 유적과 유물이 발견되었다. 4~5세기 대에 이미 수혈식 석곽묘와 횡혈식 석실묘가 도입되었다. 송원리의 석실분은

스러져간 백제의 함성

한성시기 가장 큰 석실분으로 금 귀걸이와 갑옷편, 허리띠 장식품, 금·은제 마구류 등의 위세품이 출토되었다. 나성리유적에서도 거대 저택 18기를 비롯해 얼음 저장고와 도로유구를 비롯해 금동신발, 화살꾸미개, 허리띠 금 장식품 등의 위세품이 발견되어 이 지역이 일찍부터 백제와의 교류에 중요한 지역적 위치를 차지하고 있었음을 알려준다. 이런 점으로 미루어 볼 때 신라와의 항쟁이 치열하게 벌어진 무왕대에 운주산성이 축조되었다는 주장은 염두에 둘만하다.

연기불비상에 새겨진 유민들의 소망

계유명전씨아미타불비상(癸酉銘全氏阿彌陀佛碑像)

이 불비상에는 4면에 걸쳐 명문이 새겨져 있다. 4면의 명문을 어떤 순서로 읽어야 하는 문제로 학자들 사이에서 설왕설래하고 있다. 판독문에 대해서도 이견이 있으나, 2013년 청주박물관에서 과학적인 방법을 동원하여 판독한 결과가 가장 최근의 것이며, 신뢰할 수 있어 그것을 인용한다.[*] 4면 판독의 순서도 우선 청주박물관의 공식적인 견해를 따르도록 하겠다. 이 불상의 정면에는 불상조각의 아래 부분에 정식으로 명문새김 면을 만들

---

[*] 이 글에 인용된 불상명문과 해석, 그리고 도판은 모두 국립청주박물관, 『불비상 염원을 새기다』, 2013에서 인용하였음을 밝혀둔다.

국보 제 106호 계유명전씨아미타불비상(癸酉銘全氏阿彌陀佛碑像)

어 명문을 새기고 있으나, 후면과 양 측면의 경우 조각의 사이사이 빈 공간을 이용하여 명문을 새기고 있다. 정면은 처음부터 명문을 새기기 위하여 기획되었던 것이며, 나머지 면의 명문은 적어도 처음부터 기획된 것이 아니었다고 할 것이다. 이런 점들로 보아 정면의 상징성은 매우 중요하며, 판독순서도 정면부터 시작하는 것이 옳다고 할 것이다.

(正 面)

全氏▨▨▨」述況右▨」二兮介等」同心敬造」阿彌陀佛」像觀音大」世至

像」▨▨道▨▨」上爲(國)▨」願敬造化」佛像十十也」此石佛像」內外(幷/井)百」十六(徒/走)▨」

전씨(全氏) ▨▨· 술황(述況)·이혜개(二兮介) 등이 마음을 모아 (나라)를 위해 아미타불상과 관음·대세지상을 예를 갖추어 만들다. … 화불(化佛) 20구를 예를 갖추어 만들다.…

(向左側面)

▨▨癸酉年四月十」▨▨▨首」▨▨道推」發(願)敬 ▨▨▨弥▨次」乃▨止▨乃末」牟氏毛▨」▨等▨▨五」十人知識共」爲國王大臣」及七世父母含靈等發願敬造寺知識名記」達率身次願」(日/日/國)▨(如)(徒/走)願」眞武大舍」木(木)+目大舍願」

계유년 4월 15일에 … 때문에(造寺-사찰을 만들게 된 이유) 공경되이 발원하여 弥▨乃·▨止乃末·牟氏毛▨▨ 등을 비롯한 ▨오십명의 지식(知識)이 함께 국왕, 대신, 칠세부모, 모든 중생을 위해 예를 갖추어 절을 짓고 이에 관계한 지식의 인명을 기록한다.<이하 인명과 관등>,達率身次,(日/日/國)▨(如)(徒/走),眞武大舍,木(木)+目大舍

(向右側面)

歲(癸)▨年五月十五」日爲諸▨▨▨敬造此石」諸(佛)」▨▨▨▨▨」大舍▨及願」使直大舍」道作公願」

(계유년) 5월 15일에 (여러 불상)…을 위해 예를 갖추어 만들다. (이하 인명

과 관등)

(後 面)

与次乃末」三久知乃末」豆兎大舍願」□□□□□」□□□□□(이상 1단)

□□大舍願」夫信大舍願」(上)(次)(乃)□」□□□□□」□□□師」(이상 제2단)

□大舍□小舍願」□久大舍願」□及□舍願 □久大舍願」惠信師」(이상 제3단)

□夫乃末願」林許乃末願」惠明法師」□身(道/通)師」普□□□□」(이상 4단)

<이하 인명과 관등>与次乃末, 三久知乃末, 豆兎大舍, □□□□□, □□□□□, □□大舍, 夫信大舍, (上)(次)(乃)□, □□□□□, □□□□師, □大舍□小舍, □久大舍, □及□舍, □久大舍, 惠信師, □夫乃末, 林許乃末, 惠明法師, □身(道/通)師, 普□□□□

계유명삼존천불비상(癸酉銘三尊千佛碑像)

(向右側面)

歲癸酉年四月十五日香」徒(釋)(迦)及諸佛菩薩像造」石記□□是者爲國王大」臣及七世父母法界衆生故敬」

계유년 4월 15일에 향도(香徒)가 석가(釋迦) 및 여러 불보살의 상을 만들었다. 돌에 기록하니 … 이것은 국왕·대신 및 칠세부모(七世父母), 법계의 모든 중생을 위하여 삼가 만든 것이다.

(向左側面)

造之　香徒名彌次乃(眞)」牟氏大舍上生大舍▨仁次大舍▨」宣大舍贊不小舍大使舍▨▨」▨小舍▨狗▨等二百五十▨」

향도 이름은 미차내(彌次乃), 진모씨(眞牟氏) 대사(大舍), 상생(上生) 대사(大舍), ▨인차(▨仁次) 대사(大舍), ▨선(▨宣) 대사(大舍), 찬불(贊不) 소사(小舍), 大使舍▨▨, ▨소사(小舍), ▨狗▨ 등 이백오십인(二百五十人)이다.

이 불상의 명문 중 석가를 미타로 판독하는 학자도 있다. 그 근거로 연기발견 불상들은 아미타불이 많이 조상되었기 때문이라는 것이다. 그리고 죽은 사람의 극락왕생을 기원하기 위해서는 석가보다는 아미타불이 타당하다고 보았다. 그러나 백제불상 명문 중에서 죽은 사람의 극락왕생을 위해서 석가가 많이 조상되고 있다. 정지원이 죽은 처를 위해서 석가상을 조상하였다는 '정지원명금동삼존불입상'을 비롯하여 보화가 죽은 아버지를 위해 만든 '계미

국보 제108호 '계유명삼존천불비상'

명금동삼존입상'과 왕연손이 현세 부모를 위하여 금동석가상 1구를 만들었다는 '갑인명석가상' 광배 명문, 갑신년에 망자의 추복을 위해 석가상을 만들었다는 '갑신명금동석가상'의 광배명문 등에서 당시 석가상을 통해서도 극락왕생이 빌어지고 있는 것을 짐작해볼 수 있다. 그런 까닭에 이것을 미타가 아닌 석가로 파악하고자 한다.

무인명석불상부대좌(戊寅銘石佛像附臺座)

戊寅年七月九日▨▨▨」其家▨▨▨▨▨」▨▨▨▨▨一切衆生敬造▨[阿][彌][陀][彌]」▨▨▨▨▨」

무인년(678 문무왕18년) 7월 7일 그 일가 가운데 (누구와) … 일체중생을 위하여 아미타불(阿彌陀佛)과 미륵불(彌勒佛)을 (삼가 지어 바친다).

기축명아미타여래제불보살석상(己丑銘阿彌陀如來諸佛菩薩石像)

己丑年二月十五日」此爲七世父母及(宛)(子)(都)」阿弥陁佛及諸佛菩薩像」敬造」▨▨」

기축년(689 신문왕 9년) 2월 15일 칠세부모와 ▨▨▨▨를 위하여 아미타불(阿彌陀佛)과 여러 보살상(菩薩像)을 삼가 조상한다.

계유년(673)에 만들어진 불상 2개 명문의 공통점은 많은 사람들이 참여하였다는 것이다. ▨오십명의 지식(知識)과 250인으로 구성된 향도가 참여하였다. 이렇게 많은 사람들은 누구였을까. 이들은 연기 근처에 거주하고

 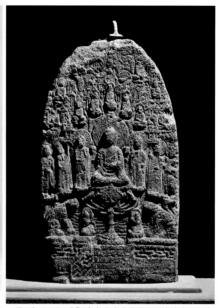

보물 제 649호 무인명석불상부대좌(戊寅銘
石佛像附臺座)

보물 제 367호 기축명아미타여래제불보살석상(己丑銘
阿彌陀如來諸佛菩薩石像)

있었던 사람들이었을 것이다. 그런데 백제의 제 2관등인 달솔의 관등을 지
닌 신차가 보이고, 백제의 대성팔족이었던 진무 대사라는 사람도 찾아진
다. 이런 점들로 볼 때 이들은 백제 중앙귀족 출신이었다고 하겠다. 그리고
불상 명문에 보이는 사람들 중 신라의 관등을 지닌 사람들이 많이 찾아진
다. 이들이 신라의 관등을 지니고 있을 수 있다는 것은 신라가 이들을 포섭
할 대상으로 파악하였다는 것이다. 이들이 연기지역에서 상당한 권위를 행
사하고 있었던 사람들이었다고 하겠다. ▨오십명의 지식과 250인 향도 모
두를 백제 중앙귀족으로 파악하기도 하고, 그 일부를 중앙귀족으로 나머지

를 연기토착세력으로 파악하기도 한다. 중요한 점은 불상과 사찰을 만들면서 그들이 바라고 있는 공통점이 있다는 것이다. 그것은 치열한 전쟁이 계속되고 있는 상황에서 무사히 살아남고, 죽어서는 극락세계에 가기를 염원하는 연기 백제유민들의 지극한 소망이었을 것이다.

그리고 불상들의 명문에서 또 공통적으로 찾아지는 점은 2월·4월·5월 15일에 주요 행사가 치루어지고 있다는 점이다. 매월 15일은 육재일 중의 하나라고 한다. 육재일은 매월 8·14·15·23·29·30일에 의식 장소에 모여 단식을 하며 목욕재계하고 경건하게 보내는 날이다. 다른 어떤 날보다도 15일에 가장 많은 행사가 이루어지고 있어 백제 때에는 15일이 어느 날보다도 중요한 의미를 지닌 날이었다고 하겠다. 15일에 사람들이 모여 불상과 사찰을 건립하는 축하연을 열었는데 그 기원의 대상이 국왕대신과 함께 7세부모와 중생들을 위해서 였다. 백제가 망한 이후인 만큼 국왕대신의 국왕은 백제의 국왕이었을까 아니면 신라의 국왕이었을까의 문제가 오래 동안 제기되어 왔다.

기원 대상인 국왕대신의 국왕은 어느 나라 국왕일까?

이 불상들이 만들어진 시기는 명문에 의하면 673년(①·②)과 678년(③)

과 689년(④)이다. 673년에 만들어진 불상에는 신차라는 인물이 백제의 16관등 중 제 2관등에 해당하는 달솔을 지니고 있다. 백제인이면서 백제 중앙의 고위관료출신임을 드러내기 위함이었을 것이다. 그런데 673년이란 시점이 미묘하다. 660년 백제의 사비성이 함락되고 의자왕은 당으로 포로로 끌려갔다. 663년에는 3년 동안의 부흥운동도 거의 진압되었다. 신라는 671년 사비에 설치되었던 웅진도독부를 재점령하여 소부리주로 편성하였다. 673년에는 백제의 관등을 지닌 사람들에게 신라의 관등을 일정 기준하에서 수여해 주었다. 그 점을 위 불상들에 명기된 사람들이 대사·소사 등의 신라 관등을 지니고 있어 확인해 볼 수 있다. 가장 관등이 높은 신차만이 백제 관등으로 표기되어 있다는 점이 흥미롭다.

이와 함께 국왕대신과 7세부모와 법계중생을 위해서 불상을 제작하였다고 한다. 초기 연구자들은 국왕을 백제국왕으로 파악하였다. 연기는 백제고지이고 달솔 신차라고 표기된 사람이 가장 관등이 높았기 때문에 국왕의 국적에 대해서 의심하지 않았던 것이다. 그러나 달솔 신차만 빼고 모두 신라의 관등을 지니고 있으며, 673년은 백제 부흥운동이 진압된지 10여년이 흐른 뒤여서 국왕을 백제국왕으로 파악하는 점에 대해 이의가 제기되었다. 백제유민은 맞지만 신라영토가 되어버린 연기에서 계속 생을 살아가야하는 사람들의 입장에서는 이제는 신라에게 미소를 짓는 것이 당연하다는 것이다. 따라서 이 국왕을 신라국왕으로 파악해야 한다는 견해가 제시되었다.

그러나 673년은 나당전쟁이 치열하게 벌어지고 있었던 시기이기도 하다. 나당전쟁은 670년부터 676년까지 7년간 이어졌다. 670년 3월 신라의 오골성 선제 공격으로 시작되어, 672년 8월 석문 전투에서 신라가 크게 패하였다. 나당전쟁의 분수령은 675년 9월에 발생한 매소성 전투였으며, 이 전투에서 신라가 승리하면서 전세는 신라로 기울었다. 이후 676년 11월 기벌포 전투를 끝으로 전쟁은 마무리되었다. 이런 전쟁의 와중에서 연기유민들은 이 전쟁에서 누가 이길 것으로 예측했을까. 누가 보더라도 신라는 당에 비하면 열세였다. 과연 백제유민들이 신라에게 미소짓기 위해서 신라의 국왕대신을 위해서 불상을 만들었을까.

그리고 ①·②번 불상에서는 국왕대신을 언급하고 있지만, 678년과 689년에 제작된 ③·④번 불상에서는 '국왕대신' 구절이 보이지 않는다. 678년과 689년은 이미 나당전쟁이 신라의 승리로 끝나고 구백제의 영토도 신라가 완전히 장악하였다. 이때야 말로 백제유민들이 신라국왕에게 충성을 바치기 위한 열정을 보여야 할 때이다. 그럼에도 국왕대신이 빠져있다.이런 점들은 이 명문의 국왕대신을 백제의 국왕대신으로 파악하여야 합리적이라는 것을 보여주는 것이다.

한편 ①·②번 불상에서 언급되었던 국왕대신을 관용적으로 사용한 표현으로 해석하기도 한다. 그러면 왜 ③·④번 불상에서는 그런 관용적인 표현을 사용하지 않았을까. 국가가 망한 유민들의 행동은 많은 제약이 따를 것이다. 이렇게 귀중한 불상에 새기는 명문을 관용적인 표현으로 넘기기에는 생존의 갈림길에 서있는 유민들의 입장을 고려하지 않았다고 보인다.

격변기를 살아갔던 연기지방의 유민들의 정신적인 기둥은 아무래도 불교의 신앙심이었을 것이다. 이 신앙심을 기반으로 서로가 공동체의식을 느끼면서 삶을 영위하게 했던 지식과 향도에 대해 알아보자.

지식과 향도는 무엇일까

이 불상명문에는 다른 곳에서는 잘 보이지 않는 지식과 향도가 찾아진다. ①의 ▨五十人知識과 ②의 향도 250인이 그것이다. 지식이란 용어는 다른 곳에서는 쉽게 찾아지지 않는다. 경전에서 지식이 찾아지고 있다. 경전의 지식은 "비구/비구니에게 음식, 자재나 재물, 편의 등을 제공하여 주는 친우"라는 의미이다. 승려를 받드는 사람 정도의 의미로 사용되었다. 한편 호암미술관에 소장되어 있는 고구려의 '신묘명금동삼존불'의 명문에 선지식이 찾아진다. 이보다는 앞선 표기로 선지식이 중국 용문석굴의 명문에서 찾아진다. 이런 명문에 사용된 선지식의 경우는 종교활동을 기본으로 '승려-재지유력자-민중'을 하나로 묶고 있는 존재로 사용되어지고 있다. 지식용어는 일본의 카와치(河內)와 이즈미(和泉)와 같은 백제에서는 도래인들의 거주지에서 찾아지고 있다. 즉 7세기 백제의 이런 지식의 용례가 일본에 전래된 것이라고 할 것이다. 그 가장 유명한 예는 동대사 대불 조성에 큰 힘을 보탠 백제유민 계통의 행기스님의 '화천감지식경'이라는 사경사업을 들 수 있다. 이런 용례로 비추어 볼 때 연기불상의 지식도 지역공동체를 기반으로 형성된 신앙공동체라고 할 수 있을 것이다.

　그러면 지식과 향도는 같은 존재였을까 다른 존재였을까가 궁금하다. 원래 향도의 의미는 사찰에서 향을 태워 부처를 공양하는 분향하는 무리들이라고 한다. 향도의 의미도 지식과 같이 변화를 겪어 지역공동체에서 신앙공동체로 전환되었던 것으로 여겨진다. 이런 까닭에 지식과 향도를 같은 의미를 지닌 신앙공동체로 파악하고자 한다. 그런데 같은 연기지방에서 찾아지는 신앙공동체가 같은 시기에 지식과 향도로 달리 불리워지고 있었다는 것과 지식은 대략 50여명, 향도는 250명으로 규모를 달리하고 있다는 점 등으로 미루어 볼 때 같은 신앙공동체로 파악하기에는 의문이 남는다.

　하여튼 지식 50인 중 얼른 눈에 띄는 인물은 당연 달솔 신차와 진무 대사이다. 신차는 달솔이라는 고위 관등 때문이며, 진무는 백제의 대성팔족 중의 하나인 진씨이기 때문이다. 대성팔족은 백제에서 커다란 세력을 형성하고 있었던 귀족세력의 대표들이었다. 여기서 신차와 진무는 중앙인으로, 다른 사람들은 대부분 지방인으로 대략적으로 파악된다. 달솔이라는 관등은 백제에서 30명 정도가 받았던 관등이다. 흑치상지가 대략 20대에 집안의 혈연적인 배경으로 달솔을 받았다고 한다. 신차 역시 무시못할 혈통 배경이었다는 것을 알려준다. 그가 어떻게 연기지방으로 들어오게 되었는지는 불분명하지만, 흑치상지도 대략 젊은 나이에 풍달군 군장으로 파견되었던 점을 고려하면 신차 역시 연기지역의 지방관으로 파견되었거나, 아니면 사비점령 이후 연기지역으로 유망을 온 중앙인이었을 것으로 짐작된다. 진무 역시 비슷한 경로로 연기지역으로 유망해 온 사람으로 파악된다.

한편 이들과는 달리 전씨명계유명불상의 정면에 새겨진 전씨를 비롯한 인물들은 지방인으로 오래 동안 연기지역에서 세거해왔던 유력한 토착인물들로 파악된다. 흥미로운 점은 토착세력들이 정면에 새겨져 있고, 측면에 달솔 신차와 진무와 같은 중앙인이 새겨져 있다는 점이다. 물론 불상의 명문이기 때문에 불상주조자들이 정면에 새겨졌다고 간단하게 넘어갈 수도 있지만, 신차와 진무 역시 사찰조영에 큰 힘을 보탰던 인물들인데 정면에 새겨질 법하기 때문이다. 그런 점을 고려해 과감하게 한발 나선다면 사비함락 이후 중앙인들이 유망해 들어왔지만, 토착세력들의 도움을 받아 권위가 유지되고 있었던 것은 아니었을까. 지식과 향도의 형성과 유지에 기존 토착세력의 힘이 크게 작용하고 있었다고 보인다.

연기불상의 도상은 무엇을 상징하고 있을까

연기불상 중에서 가장 많은 것이 아미타불이다. 명문에 쓰여진 것만도 4개의 명문 중 3개가 아미타불을 조상하였다고 한다. 아미타불은 정토를 가지고 있다. 정토는 아미타불국토인 극락의 세계를 말하는데, 윤회의 고통에서 벗어나 영원한 생명을 얻을 수 있는 곳이라고 이해된다. 윤회란 불교에서의 독특한 인간관이다. 전생에 악업을 저질렀다면 우리는 바퀴벌레와 같은 미물의 세계 혹은 개·돼지와 같은 축생의 세계에 태어났을 것이다.

그러니까 우리가 현생에 사람으로 태어난 것도 전생의 선업에 의해서이다. 현생에 또 많은 선업을 쌓게 되면 후생에도 우리는 사람으로 태어날 것이다. 그런데 아무리 많은 선업을 쌓아서 사람으로 태어났다고 하더라도 사람으로서 반드시 거쳐야 할 생로병사의 고통을 겪어야만 한다. 그런데 극락의 세계에 가면 윤회의 고통을 벗어나 다시는 생로병사의 어려움을 겪지 않는다는 것이다. 사후 극락으로 갈려면 많은 선업을 쌓는 것도 중요하지만 부처의 가르침을 잘 따르고 봉양해야 한다.

부처의 가르침을 잘 따르고 적극적으로 봉양하기 위해서는 출가를 해야 한다. 출가를 하면 승려는 집과의 인연을 끊고 오직 부처님 봉양에 전력을 다해야 하는 것이다. 전통적으로 효 중에서 가장 으뜸은 바로 부모님이 돌아가실 때까지 옆에서 지극 정성으로 보살펴드리는 것이다. 그런데 불교에서는 출가를 권장하고 있다. 출가와 효도사이에 엄청 괴리가 생기는 것이다. 이 괴리를 메꾸어 주어야했다. 신라가 삼국을 통일한 직후 진정이라는 승려가 있었다. 진정은 늙은 어머니를 홀로 봉양하고 있었다. 출가를 하고 싶어도 할 수가 없었다. 이를 안 어머니가 하루는 진정을 불러 살아 생전에 풍성한 고량진미를 대접받기 위해 자식의 출가를 막는 것은 자기를 지옥에 빠뜨리는 것으로 인식하고 진정의 출가를 강요하였다. 출가를 한 진정은 어머니의 부음을 접하자 선정에 들고, 스승인 의상은 화엄대전을 강의하여 어머니가 극락왕생하도록 하였다. 결국 진정이 출가함으로써 어머니를 극락왕생하도록 하였다. 진정의 출가가 진정한 효도로 이어진 것이다.

그런 극락세계 중 가장 대표적인 것이 아미타불의 서방정토이다. 서방정토의 세계를 글로 잘 표현해주고 있는 것이 《무량수경》《관무량수경》《아미타경》의 『정토삼부경』이다. 그런데 글로 표현하는 것 보다도 직접 생생하게 우리 눈으로 정토의 세계를 확인시켜주는 것이 도상이다. 그 도상으로 가장 먼저 찾아지는 것이 연기불상의 도상이다. 이 도상을 통해서 7세기 삼국인들이 어떻게 아미타불의 세계를 표현해주고 있는가를 살펴볼 수가 있다.

먼저 그림27의 무인명상에 보이는 도상을 살펴보자. 무인명상은 4면에 불상이 새겨져 있다. 전면에는 오존상, 배면에는 반가사유상을 중심으로한 삼존상이 새겨져 있다. 하단에는 음각으로 선을 그어주고 있는데 이것은 물을 상징해준다고 한다. 그 물 위에 불상들이 조각되어 있다. 물속에서는 연꽃이 피어 오르고 있으며, 그 연꽃이 대좌와 연결되어 있다. 측면에는 만자 표시의 난간이 표시되어 있으며, 이것이 정면과 후면으로 연결되어 있어 난간으로 구분된 곳에 불상이 조각되어 있다.

그림28의 기축명상은 배모양의 돌에 새겨져 있다. 앞면에만 조각되어 있으며, 뒷면에는 명문만이 새겨져 있다. 맨 밑에는 난간과 계단이 조각되어 있다. 난간과 계단을 오르면 잔잔한 물결의 연못이 나타난다. 연못 가운데 활짝 핀 연꽃과 결합된 향로가 본존불을 받치고 있다. 그리고 향로 좌우에는 무릎을 꿇고 두 손을 모은 공양상과 이를 지키는 사자상이 우람하게 조각되어 있다. 연못 위로 아미타불 본존상을 중심으로 여러 부처가 이를 호위하고 있으며, 광배 위의 작은 부처 사이에는 나뭇잎과 줄기가 뒤얽힌

보물 650호 '칠존불비상'

보물 제 368호 '미륵보살반가사유상'

극락수로 메워져 있다.

다음으로 그림29의 칠존불비상의 도상이다. 역시 배모양의 돌에 조각되어 있다. 하단 가운데 부분에는 연못에서 커다란 연꽃이 표현되어 있으며, 연꽃 양옆으로 연줄기가 피어오르며, 가장자리에 웅크리고 있는 사자가 입체적으로 묘사되어 있다. 기축명 부분의 극락수 대신 커다란 연꽃봉우리가 조각되어 있다.

그림30의 미륵보살반가사유상에는 문자 그대로 전면에는 미륵상, 후면에는 커다란 보탑상, 좌우 측면에는 연꽃 위에 보살상이 조각되어 있다. 특히 향우측의 측면에는 보주를 들고 있는 보살상이 조각되어 있어 관음보살상으로 추정된다. 미륵과 함께 아미타불의 권속 보살인 관음보살상이 조각되어 있다는 점이 무인명상

의 아미타불과 미륵상의 배치와 비슷하다고 할 것이다. 반가사유상의 하단에는 항아리모양의 향로와 향로 좌우에는 공양상이 배치되어 있다. 지붕돌 부분에는 몸체의 기둥 끝에서 이어져 나온 나뭇잎이 뒤얽힌 형태로 조각되어 있다.

이런 배치양상을 살펴볼 때 당시 사람들의 아미타정토에 대한 인식을 확인해볼 수 있다. 먼저 물위에서 피어나는 연꽃이 있으며, 물 주위에는 물과 구획되는 난간과 계단이 있고 부처 주위에는 본존을 호위하는 여러 부처가 있으며, 부처들은 울창한 극락수에 둘러싸여 있는 것을 알 수 있다. 이것은 『정토삼부경』에 공통적으로 서술되어 있는 누각, 연지, 극락수임이 주목된다. 이러한 배치는 중국 남북조시대에 조성된 서방정토상과 매우 유사하다. 맥적산석굴 127굴 우벽 감 상부에 그려진 '서방정토변상도', 북제 6세기 남향당석굴 1,2굴 입구 상부의 '서방정토부조도', 남조 양 시기에 조성된 사천성 성도 만불사지 출토 이보살입상 배면의 '서방정토부조도' 등에서 기본적으로 유사한 배치를 찾을 수 있다.

무인명상의 아미타불과 반가사유상, 그림30의 반가사유상의 반가상과 측면의 보주를 들고 있는 보살상은 아미타불과 미륵의 조합으로 고구려불로 추정되는 '景4년명' 불상과 함께 8세기 초 김지성의 감산사 아미타상과 미륵상의 조합의 선구를 이루고 있어 주목된다. 아미타는 서방정토를, 미륵은 도솔정토를 가지고 있다는 점에서 흥미로운 것이다. 서로 다른 정토를 가지고 있다는 것은 중생들이 어느 정토를 가기를 원하는가에 따라 그 취향이 갈릴 수 있을 것이다. 1964년 평양시 평천동에서 영강7년명 금동

광배가 발견되었다. 6세기 중반에 만들어진 그 명문에 의하면 돌아가신 어머니가 미륵삼회(彌勒三會)에 참석하여 깨달음을 얻기를 기원하여 미륵불상을 만들었다는 내용이 적혀있다. 미륵정토는 도솔천에 왕생한 죽은 자가 다시 하생하여 미륵삼회를 거쳐야만 완전한 정토에 이른다고 한다. 그리고 수행해야 할 계율도 만만치 않았다. 그러나 아미타정토는 '나무아미타불 관세음보살'의 염불만 부지런히 외워도 신분에 관계없이 누구나 서방정토에 갈 수 있다는 것이다. 점차로 아미타정토가 미륵정토를 포섭하고 있는 것을 알 수 있다. 7세기 백제에서 이미 아미타정토가 미륵정토를 포섭하고 있는 양상을 살펴볼 수 있으며, 더구나 연기라는 지방에서 살고 있었던 백제나 신라의 관등을 소지하지 않았던 전씨를 비롯한 토착세력들이 아미타정토를 희구하고 있었다는 점에서 아미타신앙의 확산을 살필 수 있다.

7세기 연기불상의 독특한 정토표현은 소리를 표현해주고 있다는 점도 주목된다. '전씨명계유명아미타불상'에는 좌우측면에 백제 악기가 조각되어 있다. 연꽃위의 8개의 보살상이 악기를 연주하고 있는 조각이다. 이들이 연주하고 있는 악기는 향좌측면의 소·횡적·생황·당비파, 향우측면의 요고·미상악기·거문고·종적으로 추정되고 있다. 백제의 악기를 보여주는 또 하나는 유명한 국보 287호인 '백제금동대향로'이다. 이 향로의 윗부분에는 5개의 악기를 연주하고 있는 조각상이 있다. 학자에 따라 악기 비정에 차이가 나지만, 이 5개의 악기는 거의 불비상의 악기와 일치된다고 한다. 이들 악기의 소리가 어떻게 조화되어 들리는지는 알 수가 없지만, 백제인들이 아미타정토에 소리를 표현하려고 했다는 점은 중국이나 인도에서도 찾아볼 수 없는 독특한 사고였다는 것은 틀림없다.

7세기 백제불상의 실리추구

이제는 7세기 백제불상의 발달과정에서 연기불상이 차지하고 있는 위상을 살펴보도록 하자. 7세기 백제불상하면 우선 생각나는 것이 백제의 미소로 유명한 서산 마애삼존불과 태안마애삼존불 그리고 익산의 석불사의 석불이다. 앞의 두 불상은 우선 바위에 새겨진 마애불이라는 점이다. 바위에 마애불을 새기는 것이 얼마나 어려운 일인지는 정 한번을 잘못 두드리면 마애불의 전체 균형이 깨진다는 점, 그래서 정 한번을 두드릴 때도 온갖 정성과 힘의 조절이 필요하다는 점에서 알 수 있다. 그리고 거대한 마애불상을 흠결없이 완성하였다는 것은 백제 조각가들의 불상 조상 수행능력을 알려주는 것이다. 거대한 마애불에 비해 7개의 연기불상은 그 크기가 가장 큰 것이 91cm이며 대략 4·50cm 정도의 소형불이다. 마지막으로 마애불은 딱딱하고 거친 바위에 새겨진 것이다. 그런데 연기 불상은 납석이라는 매우 부드러운 돌에 새겨져 있다. 부드러운 만큼 매우 섬세한 표현이 가능하다는 것이다. 연기불상을 처음 접할 때 매우 화려하고 섬세하며 그 표현이 능수능란한 것은 돌의 재질과 매우 관련이 있다고 하겠다. 마지막으로 이 불상들은 중앙의 불상이 아닌 지방에서 만들어진 공통점을 지니고 있다. 즉 백제 지방의 불교 신앙심이 매우 높았음을 짐작케 해주는 대목이다.

서산마애삼존불은 중앙의 부처를 그 수인으로 볼 때 시무외인과 여원인으로 파악하여 석가상으로 보고 있다. 좌우의 보살은 구슬을 지니고 있어 관음보살, 반가사유상을 취하고 있어 미륵보살상으로 파악된다. 이러한 도상은 매우 이례적인 것이다. 그런데 연기불상에서도 매우 특이한 도상이 찾아진다. 무인명의 경우 전면의 아미타불과 후면의 반가사유상이 조각되어 있으며, 그림30의 반가사유상의 경우 전면에는 반가사유상이 측면에는 구슬을 지닌 관음보살상이 조각되어 있다. 이러한 백제 불상의 독창적 구도는 태안마애불에서 더욱 두드러지게 나타난다. 태안마애불은 삼존불의 형식을 취하면서 중앙에는 구슬을 지닌 보살상을, 좌우에는 부처상을 조각한 매우 이례적인 구도로 이루어져 있다. 종교는 최종적으로 모두 평등을 추구하지만, 현실세계의 신분질서를 완전히 떠나지는 못한다. 보살과 부처의 구별이 그러하듯이 엄격한 구분이 존재한다. 그럼에도 불구하고 중앙에 보살상이 위치해 있다는 것은 매우 이례적인 것이며, 아직까지는 이런 구도를 택한 삼존불은 찾아지지 않는다고 한다. 하여튼 서산마애불과 태안마애불의 구도 중에 공통적으로 찾아지는 것이 구슬을 들고 있는 관음보살이다. 관음보살은 매우 다양한 능력을 지니고 있다. 그 중에서도 가장 뛰어난 능력이 중생이 해난사고를 당했을 때 관음보살을 부르기만 하면 당장 날아와 구해준다는 것이다. 이런 점을 고려해 볼 때 서산과 태안이 사비시기 백제의 대중국교류 항구를 이어주는 교통상의 요지에 위치해있다는 점이 중요하다. 당시 중국으로 파견되는 사신들이 타고 다녔던 배는 오늘날 언안

고기배 보다 약간 더 큰 수준으로 보면 거의 틀림이 없을 것이다. 그 배를 타고 서해를 건너야 했다. 바다에서는 때로는 태풍과 파도를 뚫고 목적지로 향해야 했다. 누가 그 안전을 보장해주었겠는가. 신앙심이 없었다면 버티기 힘들었을 것이다. 9세기 당시 입당구법순례행기를 쓴 엔닌도 막상 바다에서 높은 파도를 만났을 때 불경을 부지런히 외웠을 뿐 다른 방도가 없었다고 쓰고 있다. 사신들의 안전을 보장해주는 것이 불교의 가장 중요한 목적이었을 것이다. 그래서 관음보살의 위력이 필요했고, 그 위력을 빌리기 위해서 중앙에 관음보살을 위치시킨 구도를 택한 태안의 마애불이 탄생한 것이다. 이렇게 볼 때 7세기 백제 불교의 가장 중요한 특징은 실리적이라는 점이다. 불교의 교리에 크게 매이지 않으면서 중생의 바람을 충족시켜주려는 기복신앙의 측면이 강하게 반영되었다고 하겠다. 이렇게 볼 때 연기불상에서 백제가 망하고 신라라는 새로운 국가에 편재된 유민들이 극심한 사회적 변동기 속에서 현재를 넘어 영원한 삶을 보장해준다는 정토를 갈망하면서 아미타와 미륵, 석가불을 조성하였던 유민들의 간절한 희구를 느낄 수 있지 않을까 싶다.

백제 주민이 대거 이주 정착한 시가(滋賀) 지역

권 오 영

서울대학교 교수

백제와 시가(滋賀) 지역

　　　　　　　　　백제와 관련된 전승, 유적과 유물이
일본 내에서 가장 많이 발견되는 지역은 혼슈(本州)의 키나이(畿內), 그 중
에서도 오사카(大阪)와 나라(奈良)이다. 백제인의 흔적이 남아 있는 마을과
무덤, 그리고 불교사찰 등의 유적이 이 지역에 집중되면서 현재는 이 지역
이 고대 한일관계사의 중심 무대가 된 상태이다. 그런데 이에 못지않게 집
중적으로 백제 관련 유적과 유물, 전승이 남아 있는 곳이 바로 시가(滋賀)
지역이다. 고대에 오오미(近江)라고 불린 이 지역은 일본 고대의 심장부에
서 살짝 벗어난 지리적 위치로 인하여 그 중요도가 평가 절하되고 있다. 일
본을 방문하는 한국인 관광객들의 발걸음은 매우 드문 편이고, 전문 연구
자들의 방문 빈도 역시 키나이지역에 비할 바 없이 낮은 것이 현실이다.

　　그런데 시가에는 수많은 한반도계 이주민의 자취가 남아 있다(그림 31).
특히 야마토노아야우지(倭漢氏)의 아래에 있는 시가노아야히토(志賀漢人)
일족은 시가지역의 대표적인 한반도계 이주민 집단이다. 5세기 말-6세기
초에 오사카와 나라지역에서부터 이곳으로 대거 이주하여 정착하였으며,
담수호인 비와코(琵琶湖)를 무대로 물류 네크워크를 구축하고 문서, 목간의
작성에 종사하였는데(大橋信彌, 2015), 원래 백제계로 추정되고 있다(田中俊

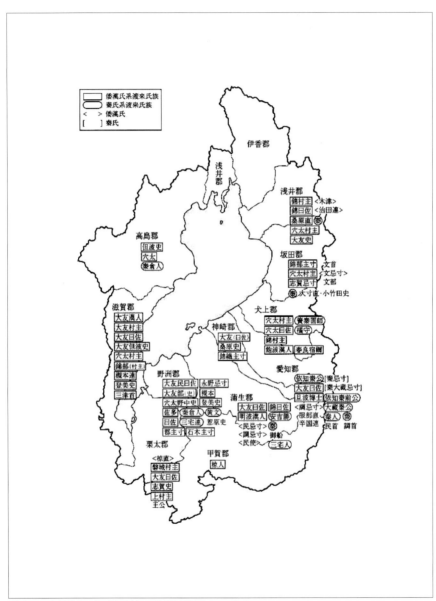

凡例 (legend):
倭漢氏系渡来氏族
秦氏系渡来氏族
< > 倭漢氏
[ ] 秦氏

伊香郡

浅井郡

浅井郡
錦村主 <木津>
錦日佐 <治田連>
桑原直
穴太村主
大友史

坂田郡
錦部主寸　文首
穴太村主 <文忌寸>
志賀忌寸　文部
大寸直・小竹田史

高島郡
但波史
穴太
秦舎人

滋賀郡
大友漢人
大友村主
大友日佐
大友但波史
穴太村主
錦部(村主)
榎本連
登美史
三津首

神崎郡
大友 (日佐)
桑原史
錦織主寸

犬上郡
穴太村主　資秦圜師
穴太日佐　橋守
錦村主
鮑波漢人　秦良宿禰

愛知郡
依知秦公 [秦忌寸]
大友日佐　秦大蔵忌寸
旦波博士　依知秦前公
<調忌寸> 大蔵秦公
服部直　秦人
辛国連　民首　調首

野洲郡
大友民日佐　永野忌寸
大友部 (史)　榎本
穴太野中史　登美史
佐多　秦舎人　黄文
日佐　三宅連　葛原史
郡主寸　石木主寸

蒲生郡
大友日佐　錦日佐
甲波漢人　安吉勝
<調忌寸>
<調忌寸> 御船
<民使> 三宅人

栗太郡
<椋直>
磐城村主
大友日佐
志賀史
上村主
王公

甲賀郡
椋人

비와코 주변의 한반도계 이주민 분포 양상(大橋信彌, 2015에서)

스러져간 백제의 함성

오츠시 아노오 유적의 벽주건물(愛莊町立歷史文化博物館, 2015에서)

明, 2011).

　백제계 이주민이 남긴 흔적은 문헌에 남아 있는 것만이 아니라 많은 고고학적 자료에서 뒷받침된다. 필자도 시가지역을 방문할 때마다 백제 관련 자료가 널려 있는 사실을 보면서 크게 놀라곤 하였다. 백제계 부뚜막과 온돌이 딸린 주거지가 많이 발견된 아노오(穴太) 유적(그림 32), 백제계 횡혈식석실묘의 영향을 받은 아노오카이코메(穴太飼込), 타이고즈카(太鼓塚) 고분군 등은 이미 널리 알려져 있다(大津市歷史博物館, 1995). 대부분의 유적들은 비와코 주변에 분포하는데 특히 동, 서, 남측에 집중 분포한다.

이 글에서는 백제 주민의 이주, 그리고 멸망 후 유민의 정착이란 측면에 주목하여 鬼室集斯의 墓碑, 케이타이(繼體) 대왕과 관련된 몇 가지 유적·유물, 한반도계 무덤, 그리고 최근 논란이 되고 있는 일본열도 최고의 벽주건물 등에 대해서 검토해 보고자 한다.

논의의 순서는 시대를 역행하여 7세기 후반의 백제 멸망기부터 4세기 대로 거슬러 올라가는 방식을 취하고자 한다. 그 이유는 시가지역이 백제와 관계를 맺는 가장 극적인 시점이 백제 멸망 직후이기 때문이다.

부흥운동의 좌절과 귀실집사(鬼室集斯)

663년 백제 부흥운동이 완전히 실패로 끝난 후, 많은 백제인들이 바다를 넘어 일본열도 곳곳에 이주, 정착하였다. 『일본서기』에 의하면 665년 귀실집사(鬼室集斯)가 小錦下의 관위를 받았다고 한다. 鬼室이란 성을 볼 때 부흥운동의 주역인 鬼室福信과 관련된 것으로 추정되며 그의 아들이거나, 가까운 친족이었을 것이다. 귀실집사의 관등이 달솔인 점, 복신의 공에 의해 관위를 받았다고 하는 점, 백제남녀 400 여 명과 함께 오오미노쿠니(近江國) 칸자키군(神前郡)에 정착한 점, 669년 백제 왕족인 여자신(余自信)과 함께, 남녀 700여 인을 이끌고 오오미노쿠니 가모군(蒲生郡)으로 이주된 점 등을 고려하면 그가 백제인이었음은 분명하다(胡口靖夫, 1996). 훗날 그의 후손이 百濟君, 百濟公이란 성을 받았다고 하는 점도 참고된다.

귀실집사는 671년, 지금으로 치자면 교육부 장관격인 학직두(學職頭)에 임명된다. 멸망한 나라 출신의 유민이 이러한 지위에 오른 것은 그의 학문적인 수준이 매우 높았음을 의미한다.

귀실집사를 비롯한 백제인들을[**] 오오미 지역에 집중 배치한 이유가 텐지(天智)의 오오미(近江) 천도와 유관하다는 견해(연민수, 2016)는 이미 제기된 바 있다. 고도로 발달한 선진 기술과 지식, 국가 운영의 경험을 갖고 있는 백제 유민들을 효과적으로 활용하기 위한 텐지 조정의 의도가 있었음은 분명한 것 같다. 사실 오오미 지역은 백제 멸망 이전부터 이미 수많은 백제계 이주민들이 정착한 유서깊은 곳이기도 하다.

귀실집사가 이주하였다는 가모군(蒲生郡)은 비와코의 동편에 해당되는데, 이곳에 귀실신사가 있고 그 곳에는 귀실집사의 묘비(그림 33)가 모셔져 있다. 주변에는 이시도오지(石塔寺: 그림 34)와 햐쿠사이지(百濟寺)가 위치한다. 이시도오지의 3층 석탑은 목탑 위주의 일본 탑과는 매우 이질적이어서 백제계로 인정되고 있으며 햐쿠사이지는 이름에서부터 백제와의 연관성이 뚜렷하다.

1805년에 가모군 히노쵸(日野町)에서 발견된 육각기둥 모양인 이 묘비의 진위에 대해서는 논란이 있었다. 그러나 헤이안(平安)시대에서 카마쿠라(鎌倉)시대의 어느 시점에 만들어졌고(胡口靖夫, 1996), 지역사회에서 백

[**] 귀실집사가 학직두에 임명되는 『일본서기』天智10년 正月是月條 기사에는 鬼室集信이란 인물도 등장하는데 그 이름을 볼 때 귀실집사와 형제일 가능성도 있으나 더 이상의 행적은 나타나지 않는다.

귀실신사
(설명판, 마을 주민들과 함께, 묘비를 꺼내는 모습, 묘비)

스러져간 백제의 함성

이시도오지(石塔寺)의 3층 석탑

제유민의 동류의식을 유지하는 장치로서 이용된 것으로 보는 데에는 이견이 없다. 나아가 이시도오지의 3층 석탑도 귀실집사와 유관한 것으로 이해하거나(연민수, 2016), 시간적으로는 10세기 이후지만 백제계 이주민의 후손들이 자신들의 정체성을 확인하기 위해 축조한 것으로 보는 견해(히시다 테츠오, 2013)가 이미 나온 바 있다. 이후 귀실씨는 의학, 사경 등의 전문적 업무에 종사하면서 일본 고대사회의 발전에 기여하였다.

가모군에 사민된 백제계 이주민들은 종족적 유대를 유지하면서 지역에 뿌리박고 살아왔다고 한다. 필자가 귀실집사의 묘비를 조사하러 가모군에 해당되는 현재의 시가현 가모쵸(蒲生町) 지역을 답사하였을 때 주민들이 가지고 있는 친한국적, 백제계승적 인식에 놀란 적이 있다. 심지어 자신들의 얼굴이 부여 사람과 유사하다는 식의 이야기를 하는 것도 직접 들었다. 물론 이러한 인식은 관념적이고, 만들어진 것이지만 현대의 일본 한 곳의 주민들이 고대에 존재하던 한반도의 백제에 친근감을 갖게 되는 결정적 계기로서 귀실집사를 거론하고 있다는 점은 매우 흥미로운 현상이다. 이런 점에서 귀실집사는 살아서는 백제와 왜의 고위 관료를 역임하고, 죽어서는 시가지역의 백제 계승의식에 녹아 있는 셈이다.

한반도계 이주민이 묻혀 있는 무덤들

시가(志賀) 고분군

비와코 남부 오츠(大津) 일대에 분포하는 대규모 군집분을 시가(志賀) 고분군이라고 부른다(그림 35). 크게 묶으면 하나의 대규모 고분군이지만 152기가 집중하는 아노오노조에(穴太野添) 고분군, 20-70기 정도의 고분으로 구성된 사카모토(坂本), 아노오(穴太), 시가사토(滋賀里), 미나미시가(南滋賀) 고분군 등으로 세분할 수 있다.

특히 아노오-시가사토 일대에는 아노오카이코메(穴太飼込) 고분군, 오오타니(大谷) 고분군, 코야마(小山) 고분군, 타이고즈카(太鼓塚) 고분군으로

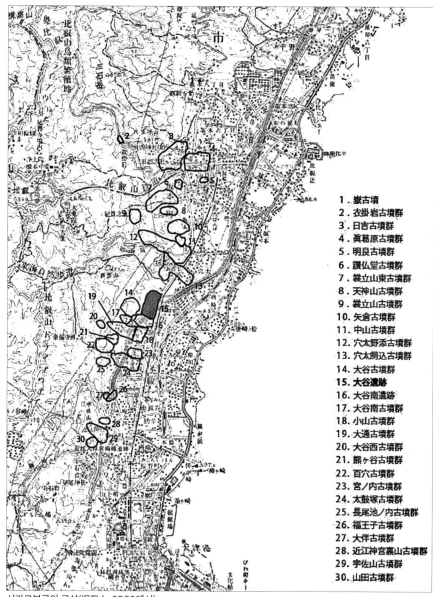

시가고분군의 구성(堀眞人, 2009에서)

1. 嶽古墳
2. 衣掛岩古墳群
3. 日吉古墳群
4. 眞葛原古墳群
5. 明良古墳群
6. 讃仏堂古墳群
7. 裳立山東古墳群
8. 天神山古墳群
9. 裳立山古墳群
10. 矢倉古墳群
11. 中山古墳群
12. 穴太野添古墳群
13. 穴太飼込古墳群
14. 大谷古墳群
15. **大谷遺跡**
16. 大谷南遺跡
17. 大谷南古墳群
18. 小山古墳群
19. 大通古墳群
20. 大谷西古墳群
21. 熊ヶ谷古墳群
22. 百穴古墳群
23. 宮ノ内古墳群
24. 太鼓塚古墳群
25. 長尾池ノ内古墳群
26. 福王子古墳群
27. 大伴古墳群
28. 近江神宮裏山古墳群
29. 宇佐山古墳群
30. 山田古墳群

불리는 고분군이 산재한다(愛莊町立歷史文化博物館, 2015). 이 무덤들은 한반도, 특히 백제적 요소를 강하게 반영하고 있다.

우선 이 고분군의 굴식돌방무덤(橫穴式石室墓)에는 백제계 토기, 소형의 명기모양 취사용기(그림 36)와 금속제 가랑비녀가 부장되는 특징이 있다. 이러한 묘제와 부장품은 고분시대-고대 일본에서는 예외적인 현상이다. 오직 오사카와 나라의 한반도계 이주민이 묻혀 있는 무덤떼와 상통한다. 이러한 무덤에 묻혀 있는 피장자 집단은 일본열도 바깥에서 이주한 집단임을 의미한다. 원래 일본적인 장제에서는 시신이 모셔진 매장 주체부에 토기를 부장하는 경우가 매우 드물다. 일부 굴식돌방무덤에 부장되는 작은 명기형 취사용기는 일본열도에 키나이가타(畿內型) 돌방이 도입되는 와중에 함께 도입된 황천국에 대한 인식을 반영한다. 죽은 자는 지상세계와 구분되는 지하세계의 가옥에 거주하므로, 그 안에서 밥을 지어 먹는 데에 필요한 취사용기를 명기로 넣어준다는 관념의 발로다. 이를 신화적으로 표현한 것이 『니혼쇼기(日本書紀)』 신대(神代)에 기재된 이자나기노미코토(伊弉諾尊)와 이자나미노미코토(伊弉冉尊) 전승이다.***)

황천국 관념의 존재를 상징하는 소형의 명기형 취사용기가 그동안 백

***) 그 내용을 요약하면 아래와 같다.
"이자나기는 먼저 죽은 이자나미를 찾아 黃泉에 가고 마침내 그녀를 만나게 된다. 이자나미는 남편에게 왜 이렇게 늦게 왔냐고 책망하면서 자신은 이미 황천의 음식을 먹었고 이제 누워 쉬려고 하니 자신의 모습을 보지 말라고 한다. 그러나 이자나기는 말을 듣지 않고 횃불을 켜서 이자나미의 모습을 보게 되었는데 썩어 문드러져서 구더기가 나올 지경이었다. 이에 놀란 이자나기는 되돌아 나오려 하였고, 이자나미는 자신의 말을 듣지 않아서 자신을 부끄럽게 만든 남편을 원망하여 황천의 추녀 8명을 보내어 추적하였다. 긴 추격전 끝에 아자나기는 빠져나올 수 있었다."

스러져간 백제의 함성

타이고즈카 고분 출토 백제계 단지 및 취사용 명기
세트(박천수 촬영)

제권역에서 많이 발견되지 않아서, 시가고분군의 피장자들을 막연히 도래인으로 간주하거나(水野正好, 1993), 김해를 비롯한 가야와의 연관성을 추정하는 견해(田中俊明, 2011)가 발표되었다. 그러나 최근 성남 판교와 하남 감일지구에서 한성기에 속하며 구조와 출토유물면에서 일본 키나이지역의 굴식돌방무덤과 유사한 사례가 많이 발견되었는데 소형 명기형 취사용기가 부장된 경우도 여럿 보인다.

가랑비녀는 평면이 U자형으로 생긴 비녀인데 재질에 따라 금제, 은제, 금동제, 동제, 철제 등 다양한 종류가 있다. 역시 일본에서는 없던 장신구인데 중국에서 시작되어 백제를 거쳐 일본에 전래된 것이다. 앞에서 거론된 성남 판교와 하남 감일지구에서 이런 가랑비녀가 많이 출토되었다.

소형 명기형 토기와 가랑비녀의 존재는 시가고분군에 백제계 이주민이 묻혀 있을 가능성을 보여준다. 키나이가타 돌방 자체가 한성기 백제 돌방무덤의 일본판이라고 볼 수 있기 때문에, 묘제와 장신구, 장송의례가 함께 전래된 셈이다.

곤고지노(金剛寺野) 고분군

이에 대비되는 것이 비와코 동편의 아이쇼쵸(愛莊町) 일대에 분포하는 곤고지노 고분군이다(그림 37). 이 고분군은 고대 일본의 각종 문헌에 등장하는 에치하다(依智秦)씨가 남긴 것으로 간주된다.

에치하다씨는 한반도계 이주민임은 분명하지만 구체적인 성격은 불분명한 점이 많다. 곤고지노 고분군은 298기가 확인될 정도의 대규모 군집

곤고지노 7호(타누키) 고분 및 출토 유물

분으로서 소형의 봉토를 덮은 굴식돌방무덤이다(愛莊町立歷史文化博物館, 2015).

돌방의 구조는 연도와 현실이 단을 이루며 연결되는 것이 특징이어서, 시가고분군과는 판이하다. 시가고분군이 백제계 돌방무덤의 계보를 잇는 반면 곤고지노고분군은 백제와 연결짓기 어렵다. 출토유물에서도 백제계 이주민의 표지적 장신구인 가랑비녀, 소형의 명기형 취사용기가 보이지 않는다. 오히려 금동제 굵은 고리 귀걸이(태환이식)가 주목된다. 굵은 고리 귀걸이는 고구려와 신라 귀걸이의 특징이다.

비와코 동편의 에치군(愛智郡)-가모군 일대 불교사원에서는 湖東式 숫막새기와가 사용되는데 이 역시 에치하다씨와 관련된 것으로 보고 있다(히시다 테츠오, 2013). 비와코 서편과 남편에는 백제계 이주민이, 동편에는 신라계 이주민이 지점을 달리하여 집단 거주하던 양상을 그려볼 수 있다. 그러나 비와코 동편의 칸자키, 가모 지역 역시 백제계 이주민의 비중이 매우 높다. 따라서 신라계 이주민의 비중은 백제계의 그것에 비해 현저히 낮았던 것으로 판단된다.

케이타이와 백제

야요이(彌生)시대 이래 여러 세력으로 분립되어 있던 일본열도를 하나

스러져간 백제의 함성

의 국가 체제로 묶어서 일본 고대국가 형성의 가장 중요한 계기를 마련한 케이타이(繼體)는 아마도 일본인들이 가장 존경하는 고대의 군주일 것이다. 그와 관련된 수많은 전승과 지역 축제, 조사와 전시, 학술대회가 끊이지 않고 전국적으로 전개되고 있다.

케이타이의 재위기간(507-531년)은 무령왕 재위기간(501-523년)과 상당 기간 중첩되고 두 인물은 자국의 발전을 위한 외교전을 전개하였다. 이 기간 동안 백제와 왜의 관계는 매우 우호적이었으며 케이타이의 한반도에 대한 정책은 시종일관 친백제적이라고 평가할 수 있다.

이러한 케이타이의 정체에 대해서는 일본 고대사학계와 고고학계만이 아니라 소설이나 호사가들 사이에서도 수많은 논의가 이어지고 있다. 문헌에는 그가 오진(應神)의 5세손으로 기록되어 있으나 이는 사실이 아닐 것이다. 그의 가계가 오오미지역의 중소 호족 출신이며, 야마토(大和: 나라지역) 지역을 무대로 성장한 大王家와는 직접적인 관계가 없는, 보다 솔직하게 말하자면 무관하였다고 보는 것이 진실에 가까울 것이다. 이런 까닭에 케이타이 왕조의 시작이 구왕조를 대체한 신왕조의 등장이라고 보는 견해마저 있을 정도이다.

케이타이의 아버지는 오오미의 다카시마노사토(高嶋鄕)의 호족인 히코우시(彦主人)왕이고 어머니는 에치젠(越前), 즉 현재의 후쿠이(福井) 지역 수장의 딸인 후리히메(振媛), 부인은 오와리(尾張), 즉 현재의 아이치(愛知) 지역 수장의 딸인 메노코히메(目子媛)이다. 오오미, 에치젠, 아이치 모두 키나이의 중심에서 벗어난 변방에 불과하였고 케이타이의 세력은 이 지역 연맹의 결절점에 해당하였다.

　지역 수장에 불과하던 케이타이가 부레츠(武烈)의 사후 공석이 된 대왕의 자리에 나가기로 결심하는 데에 큰 역할을 담당한 카와치노우마카이(河內馬飼部)의 실체가 오사카 북부의 시조나와테(四條畷)시와 네야가와(寢屋川)시 일대에 분포하는 목마 관련 유적임이 규명된 것은 근년의 일이다. 시토미야키타(蔀屋北) 유적의 조사에서 확실하게 드러나듯이 이 목마집단이 한반도, 특히 마한-백제계임도 이제는 움직일 수 없는 사실이 되었다. 케이타이가 대왕에 등극하는 하나의 동력으로서 마한-백제계 이주민 집단의 역할이 있었던 것이다.

　케이타이 부계와 관련된 것으로 이야기되는 시가현 다카시마(高島)시 카모이나리야마(鴨稻荷山) 고분은 비와코의 서편에 위치한다. 이 고분은 전장 45m에 불과한 소형 전방후원분임에도 불구하고 내부에서 화려한 금동관과 금동신발이 발견되어 커다란 주목을 받았다(그림 38). 전방후원형이란 외형, 석관의 사용 등을 볼 때 이 무덤에 묻힌 피장자가 한반도계 이주민일 가능성은 높지 않다. 그럼에도 불구하고 화려한 귀금속제 관과 신발을 착장하는 풍습이 일본열도가 아니라 삼국과 가야의 풍습이란 점, 신발의 형태와 제작기술이 온전히 백제계인 점은 설명하기 어려웠다.

　필자는 이 의문을 오랫동안 간직하면서 여러 번 카모이나리야마 고분을 답사하곤 하였다. 그러다가 우연히 인근에 다카시마 역사민속자료관이 있음을 알고 들렀다가 예상 밖의 성과를 올리게 되었다. 카모이나리야마 고분에 인접한 미나미이치히가시(南市東) 유적이란 취락에서 출토된 한식

카모이나리야마 고분과 출토 유물

계 토기 2점이 전시되어 있음을 발견하게 된 것이다(그림 39).

한식계 토기란 일본열도에서 제작되기는 하였으나 야요이(彌生)시대 이래의 전통적, 재래적 토기와는 형태와 제작기술이 다르며, 한반도에서 가져간 토기를 모델로 하여 만들어진 토기, 특히 갈색의 조리용 토기를 일컫는 말이다. 미나미이치히가시 유적에서 출토된 한식계토기는 갈색의 거친 태토, 무른 소성도, 끝이 잘린 뭉툭한 소뿔모양(우각형) 파수가 부착된 시루인데, 그 형태는 충청-전라지역의 그것에 가장 근접하였다. 이는 이 마을에 백제계 이주민이 정착하여 생활하고 있었음을 분명히 말하여준다. 유적의

미나미이치히가시 출토 한식계토기(좌)와 전라북도의 시루(우)

연대는 5세기 무렵으로 추정되므로 카모이나리야마 고분 피장자가 살아 있던 시기와 일부 중첩될 가능성이 높았다. 적극적으로 해석하면 케이타이의 집안이 오오미지역에서 수장 노릇할 때, 그 휘하에 백제계 이주민이 있었음을 입증한다. 케이타이가 일본 전체의 대왕이 될 수 있었던 힘의 원천 중 많은 부분이 백제계 이주민이었음을 보여주는 또 하나의 사례가 된다 (권오영, 2012).

일본 최초의 백제계 건물

벽주건물이란 종전의 움집(수혈주거)과는 전혀 다른 구조의 건물이다. 평면은 대개 방형이나 장방형을 띠고, 지붕을 지탱하는 기둥이 벽체 안에 위치하는 일종의 내력벽 구조를 지닌 건물이다. 일본 고분시대(3세기 중엽-6세기)에는 100동을 훨씬 넘는 벽주건물이 조사되었는데, 그 기원지로서 백제를 지목하는 견해는 정설이 되었다(靑柳泰介, 2003). 일본의 벽주건물은 긴키(近畿), 특히 시가지역에서도 비와코 남부 오츠(大津)시 아노(穴太), 시가사토(滋賀里) 유적에 집중되어 있다. 2011년 집계 당시 60동이 넘는 벽주건물이 아노와 시가사토에서 조사되었다(田中俊明, 2011). 이 지역 벽주건물의 특징은 시간적으로는 6세기 이후, 구조적으로는 온돌, 연통과 결합된 점이다. 이런 까닭에 부여와 익산에 분포하는 백제 사비기 자료와 비교되곤 한다(우재병, 2006 / 권오영, 2008).

그런데 2010년도에 다카시마의 텐진바타(天神畑) 유적에서 고분시대 전기에 해당되는 벽주건물이 발견되었다고 보고되었다(그림 40). 현재 일본학계의 시대구분론에서 고분시대 전기는 3세기 중엽부터 4세기에 해당된다. 종전 일본열도에서 가장 시기가 올라가는 오래된 벽주건물은 나라현 고세(御所)시 난고(南鄕) 야나기하라(柳原) 유적의 5세기 전반 자료였기 때문에(靑柳泰介, 2005), 텐진바타의 사례는 일본에서 가장 오래된 자료로 간주되었다(南滋賀縣敎育委員會, 2011). 나아가 백제권역의 벽주건물보다 텐진

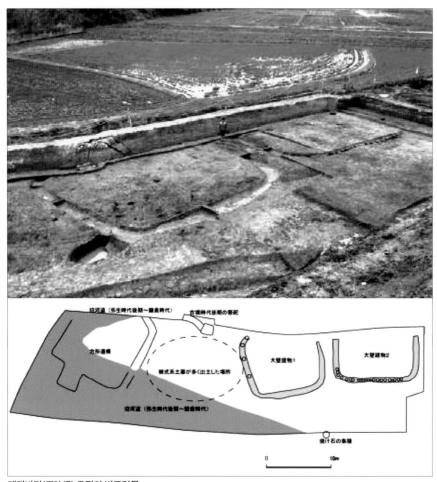

텐진바타(天神畑) 유적의 벽주건물

스러져간 백제의 함성

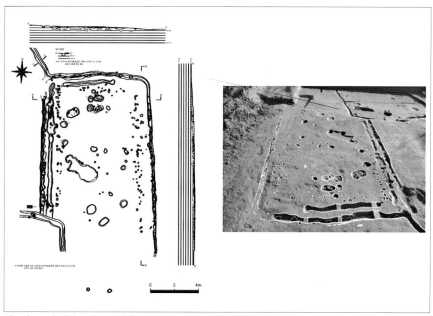

벽주건물로 추정되는 양주 광석리유적 6호 주거지(국방문화재연구원, 2012)

바타 유적이 더 오래된 것으로 주장되면서 일본열도 벽주건물의 고향이 백제라는 기존 통설에 의문이 발생하였다(권오영, 2017).

이러한 견해에 대한 논의는 정밀한 검토가 필요하다. 벽주건물이라는 구조적인 특징으로 인하여 축조와 폐기 시점을 명확히 구분하기 어려운 경우가 많기 때문에, 우선 텐진바타의 자료가 과연 고분시대 전기에 속하는 것인지에 대한 엄밀한 검토가 필요하다. 설령 텐진바타의 벽주건물이 고분시대 전기에 축조되었다고 하더라도 백제와 일본열도 벽주건물의 선후 관계에 대한 의심은 불필요하다. 왜냐하면 백제지역 벽주건물이 웅진기부터 출현하였다는 기존 일본학계의 견해와는 달리 한성기로 간주할 수 있는 자료가 많이 발견되었기 때문이다(그림 41).

대표적인 예가 양주 광석리(국방문화재연구원, 2012)와 평택 세교지구의 사례이다(권오영, 2013). 따라서 텐진바타의 벽주건물이 백제보다 오래되었다는 주장은 아직은 성립하기 어렵다. 다만 시가지역 벽주건물의 시기를 모두 6세기로 보기보다는 그보다 오래된 사례가 발견된 것으로 보는 것이 합리적이다. 따라서 시가지역에 백제인들의 이주, 정착 시점 역시 훨씬 소급될 가능성이 높아진 셈이다. 자연스럽게 한반도계 이주민들의 시가지역 정착시점에서 5세기 후반을 강조하던 종전 견해(水野正好, 1993)는 보완이 필요하게 되었다.

텐진바타와 미나미이치히가시가 비와코의 서편, 아노오가 남편, 연통이 다수 출토된 야스쵸(野洲町)와 츄즈쵸(中主町)는 비와코 동편이다. 결국 백제계 주민들은 비와코의 서, 남, 동에 넓게 분포하였음을 알 수 있다. 이러한 배경에서 귀실집사로 대표되는 백제 유민의 집단 이주와 정착이 진행되었던 것이다.

백제 유민사 연구를 위하여

시가지역에서 발견되는 한반도계 자료는 이것으로 그치지 않는다. 비와코 동편의 쿠사츠(草津)시 야스라진쟈(安羅神社), 릿토(栗東)시 코야스라진쟈(小安羅神社)의 존재(定森秀夫, 2011)는 그 명칭을 볼 때 안라, 즉 아라가야와의 관련성을 추측할 수 있다. 이렇듯 시가지역 곳곳에는 백제와 신라, 가야계 이주민이 정착하여 활동하고 있었다. 이런 까닭에 텐지 6년(667년) 나니와노미야(難波宮)에서 오츠쿄(大津京)로 천도하는 배경에는 시가지역에 자리 잡고 있었던 한반도계 이주민의 역할이 있었다는 주장이 나오는 것이다.

최근 고구려와 백제 유민사에 대한 연구가 활발하게 진행되고 있다. 필자는 과거에 유민사 연구는 한국사 연구의 본령이 아니란 다소 과격한 주장을 펼친 적이 있다. 아메리카 초기 이주민의 역사가 미국사에서는 본령이 되지만 영국사에서는 갈라져 나간 비주류 역사이듯이, 일본열도에 정착한 한반도계 이주민의 역사는 일본사에서 중요하게 다룬다 하더라도 한국사에서는 부수적일 수밖에 없다는 의미였다.

현재는 이런 입장에서 벗어나 있다. 고대의 주민집단을 대상으로 현재의 민족이나 국가란 잣대로 그 정체성을 변별하려는 시도가 무의미함을 깨달았기 때문이다. 따라서 한국사 연구에서 유민사를 다루는 것은 자연스럽다고 생각하고 있다.

다만 고구려와 백제의 유민사 연구가 무엇을 궁극적인 목적으로 삼을 것인지에 대한 근본적인 고민이 필요하다. 우선 한국사 연구의 일환인지, 아니면 중국사와 일본사 연구의 일환인지가 문제가 될 것이다. 동북아시아사라는 입장에서 본다면 굳이 고대의 국적을 나눌 필요가 없을지도 모른다. 그렇지만 유민사 연구가 이미 멸망한 고구려, 백제사 연구를 위함인지, 아니면 유민들이 중국과 일본에 정착, 흡수, 동화되는 과정까지 다룰 것인지를 고민할 필요가 있다. 후자에 대한 관심은 별로 뚜렷하지 않은 것 같다.

방법론적으로는 더 큰 문제가 있다. 현재의 유민사 연구는 우연한 기회에 중국에서 발견되는 묘지명에 거의 전적으로 의지하고 있는 것 같다. 현재까지 알려진 백제 유민관련 묘지명은 10-11건 정도인데, 연구자들의 관심은 백제 유민의 출자와 계보, 당에서의 활동, 백제 관제의 복원 등으로 귀결된다(박지현, 2019).

그런데 묘지명을 통한 유민 연구는 중국에서 활동한 소수 왕족과 귀족에 국한되어 있다. 이는 묘지명이라는 한정된 자료만을 대상으로 삼기 때문에 나타나는 필연적 결과이다. 그런데 양적으로나 역사적 의미면에서 훨씬 더 중요한 것은 일본에 이주, 정착한 유민들이다. 이들을 기록한 문헌, 이들이 남긴 전승, 사찰, 무덤, 건물, 유물 등 물질자료의 양은 짐작할 수 없을 정도로 많다. 일본 고대국가의 발전과 고대문화의 성립에 백제 유민들이 끼친 영향은 중국사에 끼친 유민의 영향과는 비교할 수 없을 정도이다.

중국 속의 유민의 역사는 한국사의 입장에서 다루는 것을 당연시하면서, 일본에 남아 있는 유민의 역사는 일본 고대사에 떠맡기는 듯한 모습은 시정되어야 한다. 일본 고대사와 고고학에 대한 기본적인 이해가 필요한 분야이므로 쉽게 접근하지 못하는 것으로 이해된다. 하지만 백제 유민사는 거대한 용광로에 흡수, 동화되어 버린 중국만이 아니라, 새로운 국가에서 뚜렷한 족적을 남긴 일본열도를 대상으로 삼아야 한다. 이런 점에서 우선 적으로 접근해야 할 지역이 바로 오오미, 즉 시가지역인 것이다.

일본 고대국가의 발전에 기여한 백제유민

김 기 섭

한성백제박물관 관장

백제가 멸망하던 날

660년 봄 3월에 당(唐)나라 고종(高宗)이 명령을 내려 좌무위대장군 소정방(蘇定方)을 신구도행군대총관(神丘道行軍大摠管)으로 삼고 신라왕자 김인문(金仁問)을 부대총관으로 삼아 당나라 수군과 육군 13만 명을 거느리고 백제를 치게 하였다. 이에 호응하여 신라는 여름 5월 26일에 태종무열왕(太宗武烈王)이 김유신(金庾信) 등과 함께 군사를 이끌고 왕도를 나섰다. 신라군대는 6월 18일 남천정(南川停)에 이르렀다. 남천정은 신라의 한강유역 지방군이 주둔하고 있던 곳으로서 지금의 경기도 이천지역으로 추정된다. 6월 21일에는 신라 태자 법민(法敏)이 병선(兵船) 100척을 거느리고 덕물도(德物島)에서 소정방을 맞았는데, 소정방은 "나는 7월 10일 백제 남쪽에 이르러 대왕의 군대와 만나 의자(義慈)의 도성을 깨뜨리려 한다"고 말하였다. 태자의 보고를 받은 태종무열왕은 김유신 등에게 정예군사 5만 명을 이끌고 가서 당군과 함께 백제의 사비도성을 공격하라고 명령하였다. 그러나 신라군은 7월 9일 황산(黃山) 벌판에서 계백(階伯)이 이끄는 백제의 5천 결사대를 만나 고전하다가 화랑 관창(官昌)의 희생을 계기로 겨우 이긴 뒤 소정방이 제시한 날짜보다 하루쯤 늦게 당나라 군대와 만났다. 결국 나당연합군(羅唐聯合軍)의 사비도성 공격은 7

월 12일에 이루어졌다.

660년 가을 7월 13일 밤에 백제 의자왕이 측근들과 함께 웅진성(熊津城)으로 도망갔다. 웅진성은 지금의 공주 공산성이다. 사비도성에 남아있던 의자왕의 아들 부여융(扶餘隆)은 대좌평 사택천복(沙宅千福) 등과 함께 항복하였다. 7월 18일에는 의자왕도 태자, 웅진방령(熊津方領) 등과 함께 웅진성을 나와 항복하였다. 그런데 최근 중국의 당 장안성(長安城) 부근의 무덤에서 발견된 예군(禰軍)·예식진(禰寔進) 형제의 묘지명 내용을 분석해보면, 당시 웅진방령이던 예식진이 그의 형 예군과 함께 당나라에 항복하기로 마음먹고 저항하는 의자왕을 사로잡은 뒤 투항했다고 보기도 한다.

8월 2일, 신라와 당은 주연을 크게 베풀고 장병을 위로하였다. 태종무열왕과 소정방 및 여러 장수들이 대청마루 위에 앉고 백제 의자왕과 부여융을 마루 아래에 앉혔다가 때때로 술을 따르게 하였는데, 이를 보고 백제의 여러 신하들이 목메어 울었다고 한다. 9월 3일, 소정방이 의자왕을 비롯해 백제의 왕족·귀족 및 백성 12,000여명을 데리고 당나라로 돌아가고, 낭장 유인원(劉仁願)이 군사 1만 명과 함께 사비성을 지켰다. 『삼국사기』에는 "백제왕 및 왕족·신료 93명과 백성12,000명을 데려갔다"(「신라본기」)는 기록과 "왕과 태자 효(孝), 왕자 태(泰)·융(隆)·연(演) 및 대신·장사 88명과 백성 12,807명을 데려갔다"(「백제본기」)는 기록이 있다. 『일본서기』에는 "장군 소정방이 백제왕 이하 태자 융 등 여러 왕자 13인, 대좌평 사택천복·국변성(國辨成) 이하 37인, 모두 50명을 잡아 조정에 바쳤다"는 기록과 "백제왕 의자, 그의 처 은고(恩古), 그 아들 융 등과 신하 좌평 천복·국변성·손등

(孫登) 등 50여 명이 가을 7월 13일 소장군에게 잡혀 당나라로 끌려갔다"는 기록이 있다. 부여 정림사지 5층석탑에 글자를 새긴 「대당평백제국비(大唐平百濟國碑)」에는 '왕 부여의자 및 태자 융, 외왕 여효(餘孝) 등 13인과 대수령 대좌평 사택천복·국변성(國辯成) 이하 7백여 인"이라는 대목이 있고, 「당유인원기공비(唐劉仁願紀功碑)」에는 "왕 부여의자와 태자 융 및 좌평·달솔 이하 7백여 인"이라는 대목이 있다. 백제 포로 인원수가 다른 것은 사람들을 신분별로 나눠 여러 차례에 걸쳐 끌고 갔기 때문인 듯하다. 『신당서』에는 "소정방이 의자와 융 및 소왕(小王) 효(孝)·연(演)과 추장 58인을 붙잡아 경사(京師;수도)로 보내고 그 나라를 평정하였는데, 5부(部), 37군(郡), 200성(城), 76만 호(戶)였다. 이에 웅진(熊津)·마한(馬韓)·동명(東明)·금련(金漣)·덕안(德安) 5도독부(都督府)를 나누어 설치하고 우두머리를 발탁해 다스리게 하였으며, 낭장 유인원에게 명하여 백제성을 지키게 하고 좌위낭장 왕문도(王文度)를 웅진도독으로 삼았다"라는 기록이 있다.

11월 1일, 의자왕 일행이 당나라 낙양성에 도착해 고종을 만났다. 그리고 며칠 뒤 의자왕이 병으로 죽자 오(吳)나라의 마지막 왕 손호(孫皓), 진(陳)나라의 마지막 왕 진숙보(陳叔寶) 무덤 옆에 묻고 비석을 세웠다고 한다. 부여융에게는 종3품 사가경(司稼卿)을 제수하였다.

일본열도로 떠난 백제유민

백제 의자왕 일행이 당나라로 끌려간 뒤, 백제에서는 무왕의 조카로 알려진 귀실복신(鬼室福信)이 승려 도침(道琛) 등과 함께 임존성(任存城)에서 백제 재건 투쟁을 벌이기 시작했다. 얼마 뒤에는 근거지를 주류성(周留城)으로 옮기고 전열을 정비하니, 백제 사람들이 많이 호응하였다. 그리하여 661년 봄 2월에는 유인원이 주둔하고 있는 사비성을 백제부흥군이 포위하였다가 급히 파견된 당 지원군과 신라군의 공격을 받고 임존성으로 물러나기도 하였다.

왜국의 사이메이[齊明]천황은 귀실복신이 보낸 사신을 통해 백제 사비성이 함락되고 의자왕과 왕자·대신들이 당으로 끌려갔으며 복신 등이 망한 나라를 다시 일으키고 있다는 소식과 함께 왜국에서 살고 있는 백제왕자 풍장(豊璋;부여풍)을 백제로 보내달라는 요청을 받았다. 이에 사이메이천황은 660년 겨울 12월에 오사카의 나니와노미야[難波宮]로 가서 무기를 준비하고 군사용 배를 만들게 하였다. 661년 가을 7월에 사이메이천황이 죽고 나카노오오에 황자가 텐치[天智]천황으로 즉위하였는데, 8월에 대규모 백제구원군을 파견하기로 하고 9월에 백제왕자 부여풍(扶餘豊)의 귀국을 돕도록 왜군 5천명을 호위병으로 우선 보내주었다. 부여풍은 백제에 귀국해 주류성에서 왕위에 올랐다. 주류성의 위치에 대해서는 홍성 학성산성, 한산 건지산성, 연기 당산성, 부안 위금암산성 등 여러 학설이 제기되었

귀실집사신사

는데, 부안설이 가장 유력하다.

『일본서기』에는 왜국의 텐치천황이 662년 봄 정월 27일에 화살 10만 척(隻), 실 5백 근(斤),솜 1천 근, 베 1천 단(端), 가죽 1천 장(張), 벼 3천 곡(斛)을 백제 좌평 귀실복신에게 보내주고, 3월에 베 3백 단을 백제왕에게 보내주었다는 기록과 662년 5월 백제로 수군 170척[艘]을 보냈다는 기록이 있다. 663년 3월에는 왜국 군사 27,000명을 백제로 보냈다. 그야말로 왜국이 총력을 기울여 물품과 사람을 백제에 지원한 것이다.

그런데 기세를 올리던 백제부흥군 내부에서 정변이 일어났다. 복신이

귀실집사신사의 비석

도침을 죽이고, 부여풍이 복신을 죽이는 분란이 일어난 것이다. 663년 6월경 부여풍이 복신을 잡아 처형하자, 이 틈을 타고 신라의 문무왕이 몸소 나서서 백제를 공격하는 등 나당연합군의 총공격이 개시되었다. 8월 중순에 신라군이 중심이 된 연합군이 주류성을 포위 공격하였으며, 8월 27일부터 백강(白江) 어귀에서 당의 수군 170척과 왜의 수군 1,000척이 맞붙어 싸우는 큰 전투가 벌어졌다. 이윽고 기계가 우세한 당 수군이 크게 이겨 왜군의 배 4백 척이 불타고 많은 군사가 물에 빠져 죽었다. 이를 본 부여풍은 측근들과 함께 배를 타고 고구려로 도망하였다. 9월 7일에는 주류성도 함락되었다. 이후 지수신(遲受信) 등이 임존성을 지키며 저항하였으나, 당에 항복한 백제장군 흑치상지(黑齒常之)와 사타상여(沙吒相如)가 이끄는 군대에게 격파되었다.

주류성이 함락되자 백제 부흥을 꿈꾸던 사람들은 혼란에 빠졌다. 『일본서기』에는 "9월 신해 초하루 정사(7일)에 백제의 주유성이 마침내 당에 항복하였다. 이때 나라사람들이 서로 말하길 '주유가 항복하였으니 일을 어찌할 수 없다. 백제라는 이름이 오늘 끊어졌으니 (조상)무덤이 있는 곳에 어찌 다시 갈 수 있겠는가? 단지 호례성(弖禮城)에 가서 일본군 장수 등을 만나 필요한 일들을 서로 의논할 수 있을 뿐이다'하고, 마침내 본래 침복기성(枕服岐城)에 있던 아내와 아이들에게 말하여 나라를 떠날 마음을 알렸다. 신유(11일)에 모호(牟弖)에서 길을 떠나 계해(13일)에 호례(弖禮)에 이르렀다. 갑술(24일)에 일본 수군 및 좌평 여자신(餘自信), 달솔 목소귀자(木素貴子)·곡나진수(谷那晉首)·억례복류(憶禮福留)와 나라 백성 등이 호례성에 이르렀다. 이튿날 배를 띄워서 비로소 일본으로 향하였다"(텐치 2년)라는 기록이 있다. 호례성의 위치에 대해서는 지금의 섬진강유역 바닷가로 보는 것이 일반적이다. 구체적으로는 전남 보성지역이라는 설과 경남 남해지역이라는 설로 나뉜다. 침복기성의 위치는 대개 전남 강진지역으로 추정한다. 그러니까 백제의 부흥운동군이 나당연합군과 싸우는 동안 백제 귀족들 중 일부는 가족을 남쪽 해안지역에 위치한 침복기성에서 숨어살게 했다가 백제 부흥운동군의 근거지인 주류성이 마침내 함락되자 가족들이 있는 곳으로 와서 함께 배를 타고 일본열도로 떠났다는 내용이다. 이는 백제 부흥운동이 실패로 끝나자 백제 왕족 및 고관대작이 가족과 함께 백강전투에서 살아남은 왜국 수군들의 배를 타고 바다를 건너 일본열도로 피난했음을 전하는 기록이지만, 이밖에 개인 소유의 배를 타고 바다를 건넌 사람들도 적지 않았다고 볼 수 있다.

일본열도에 도착한 백제유민

663년 음력 9월 25일 왜국 수군들과 함께 일본열도로 향한 백제 유민들이 언제 어떻게 일본에 도착하고 정착했는지에 대해서는 기록이 자세하지 않다. 다만, 『일본서기』에는 "3월에 백제왕 선광왕 등을 나니하에서 살게 하였다"(텐치 3년)라는 기록이 있다. 664년 봄에 왜왕이 백제왕자 선광(善光)을 백제왕으로 인정하고 나니하로 이주시켰다는 것이다. 선광은 의자왕의 아들이자 부여풍(扶餘豊;豊璋)의 아우로서 629~641년경 부여풍과 함께 왜국으로 건너간 것으로 알려진다. 『일본서기』에는 조메이(舒明) 3년(631) 3월 1일에 "백제 의자왕이 왕자 풍장을 볼모로 보내왔다"는 기록이 있다. 그런데 『삼국사기』에 따르면, 631년은 백제 무왕 32년이며, 무왕의 맏아들 의자는 632년에 태자로 책봉되고 641년 봄 3월에 즉위했다고 한다. 이에 백제왕자 풍장·선광이 무왕의 아들이라는 설, 의자왕의 아들이라는 설, 풍장·선광이 왜국으로 건너간 해가 잘못 기록되었다는 설, 무왕이 손자를 파견했다는 설 등 다양한 견해가 제기되었다. 가장 강력한 해석은 풍장과 선광이 의자왕 때 왜국으로 건너갔다는 것이며, 대략 의자왕 2년(642)경으로 추정한다.

부여풍과 함께 왜국으로 건너간 선광은 처음에 백제대정(百濟大井)에서 살다가 나중에 나니하로 이주한 것으로 알려진다. 백제대정은 지금의 오사카부 가와치나가노시(河內長野市) 오오이(太井)유적에 비정하는 것이 보통이다. 그가 이주한 곳은 지금의 오사카시 덴노우지구(天王寺區)를 중심으로 한 오사카시 남부지역으로서, 동쪽으로는 야마토가와(大和川)를 통해 아스카(飛鳥)·야마토(大和)에 닿고 서쪽으로는 바다를 통해 규슈 및 한반도로 연결할 수 있는 교통의 요지였다.

왜국에 거주하는 백제계 주민들을 이끌며 두 나라 교류의 연결고리 역할을 하던 부여풍이 백제부흥군의 요청과 왜왕의 인준·지원을 받아 백제로 돌아가 662년 5월 왕위에 오르자, 아우 선광은 왜국에 남아 백제계 주민을 결집시켜 든든한 지원세력을 형성하는 역할을 맡았던 것으로 보인다. 그를 백제왕(百濟王) 선광왕(善光王)이라고 기록한 것은 그가 왜국 내에서 백제왕실을 대표하는 인물임을 왜왕이 공식적으로 인정한 것이라고 할 수 있는데, 691년 정월에 지토(持統)천황이 여선광(余善光)에게 백제왕 성씨를 쓰게 한 것으로 알려진다. 선광은 창성(昌成)·원보(遠寶)·남전(南典) 등의 아들을 두었는데, 맏아들 창성은 일찍 사망하였으나 손자인 양우(良虞)와 증손자인 효충(孝忠)·전복(全福)·경복(敬福) 등으로 이어지며 왜국의 고위관료가 되었다. 양우를 창성의 아들이 아니라 선광의 아들로 보기도 한다.

왜국은 665년 봄 2월에 백제유민들이 백제에 있을 때 지녔던 관위를 조사하였다. 이에 백제에서 부흥군을 이끌었던 귀실복신의 공적을 감안하여 그의 아들인 귀실집사에게 소금하(小錦下)라는 관위를 주었다. 백제에서 그의 본래 관위는 달솔이었다고 한다. 그리고 백제 백성 남녀 4백여인을 오우미노쿠니(近江國) 카무사키노코오리(神前郡)에 살게 했다고 한다. 『일본서기』에 667년 3월 19일 텐치[天智]천황이 도읍을 오우미(近江)로 옮겼다

오노죠 건물지

는 기록이 있는 것을 보면, 텐치천황이 도읍을 옮기기 2년 전에 백제사람
들을 집단으로 이주시켜 미리 환경을 조성한 것 같기도 하다. "이때 천하의
백성들이 도읍 옮기는 것을 원하지 않아 완곡하게 간언하는 자가 많고 아
이들의 노래도 많았으며, 밤낮으로 불난 곳이 많았다"는 기록은 기존 도읍
인 아스카지역의 재지세력들이 오우미지역으로의 천도를 강력히 반대했
음을 나타낸다. 그럼에도 불구하고 텐치천황이 천도를 강행한 데에서 왜왕
이 백제 유민을 자신의 세력기반으로 여기고 있었음을 알 수 있다. 텐치천
황은 669년에 좌평 여자신, 좌평 귀실집사 등 백제 유민 남녀 7백여 인을

오우미노쿠니 가모노코호리(蒲生郡)로 옮겨 살게 하였다.

왜국의 사민정책에 따라 변방지역에 집단으로 정착한 백제 유민들도 적지 않았다. 『일본서기』에는 "이 해 겨울에 미야코(京都)의 쥐들이 오우미노쿠니(近江國)을 향해 이동하였다. 백제 남녀 2천여 인을 동국(東國)에서 살게 하고, 무릇 불교승려인지 속세 사람인지를 따지지 않고 계해년부터 3년에 이르도록 관청에서 먹을 것을 주었다"(텐치 5년)는 기록이 있다. 동국은 왜왕에게 복종하지 않는 에미시(蝦夷)의 세력권과 연접한 지역이었으므로, 백제 유민 2천여 명을 동국지방으로 보냈다는 것은 변방세력을 적극적으로 억제하고 행정력을 확대하려는 의도였다고 할 수 있다.

『일본서기』에 따르면, 왜국은 665년 가을 8월에 달솔 답발춘초를 보내 나가토노쿠니(長門國)에 성을 쌓고, 달솔 억례복류와 달솔 사비복부를 츠쿠시노쿠니(筑紫國)에 보내 오오노(大野)성과 키(椽)성을 쌓았다. 백제 유민 답발춘초·억례복류·사비복부 등을 모두 달솔이라는 백제 관등으로 기록한 것을 보면, 이들이 모두 백제에서 군사 지휘관이었을 개연성이 있으며, 이들을 서쪽으로 보내 주요 교통로에 성을 쌓게 한 것은 나당연합군의 침입에 대비한 것이라고 할 수 있다. 667년 11월에는 야마토노쿠니(倭國)의 다카야스노키(高安城), 사누키노쿠니(讚吉國) 야마다노코호리(山田郡)의 야시마노키(屋島城), 츠시마노쿠니(對馬國)의 가나타노키(金田城) 등을 새로 쌓았는데, 누가 쌓았는지를 밝히지 않았지만 백제 유민들을 동원했을 개연성이 높다. 야마토노쿠니는 지금의 나라(奈良)지역이며, 사누키노쿠니는 지금의 시코쿠(四國)지방 북부에 위치한 카가와(香川)지역에 해당한다. 츠시마노쿠니는 대한해협에 위치한 대마도를 가리킨다. 모두 한반도와 통하는 뱃길 및 수도 방위와 관련한 것이어서 나당연합군의 침입에 대비한 축성이라고 할 수 있다.

왜국(일본)의 관위를 받은 사람들

왜국의 텐치천황은 671년 봄 정월에 백제의 고위층이었던 유민 중에서 여자신·사택소명·귀실집사·곡나진수·목소귀자·억례복류·답발춘초·발일비자·찬파라·금라금수·귀실집신·덕정상·길대상·허솔모·각복모 및 나머지 달솔 50여 인에게 대금하(大錦下)부터 소산하(小山下)까지 다양한 관위를 주었다. 『일본서기』에는 "이 달에 대금하(大錦下)를 좌평 여자신·사택소명[법관대보]에게 주고, 소금하를 귀실집사[학직두]에게 주고, 대산하(大山下)를 달솔 곡나진수[병법에 밝음]·목소귀자[병법에 밝음]·억례복류[병법에 밝음]·답발춘초[병법에 밝음]·발일비자·찬파라·금라금수[의약에 밝음]·귀실집신[의약에 밝음]에게 주고, 상소산상을 달솔 덕정상[의약에 밝음]·길대상[의약에 밝음]·허솔모[오경에 밝음]·각복모[음양에 밝음]에게 주고, 소산하를 나머지 달솔 등 50여 인에게 주었다. 아이들의 노래에 이르길 '귤나무 열매는 각기 다른 가지에 열리지만 이를 실에 꿰면 다 하나가 되지요'라고 하였다"라고 기록되어 있다. 아이들이 불렀다는 노래에서 각

오노죠 성벽

기 다른 가지에서 열린 귤나무 열매를 하나의 실로 꿴다는 말은 타고난 신분이나 재능이 다른 사람(백제유민)들을 텐치천황이 자신의 빈(嬪)이 낳은 오호토모노미코(大友皇子)를 왕위계승자로 만들려고 지나치게 우대한다는 뜻을 담고 있다. 이로써 텐치천황과 백제유민이 밀착되어 있었음을 알 수 있다.

674년 윤6월 6일에는 백제유민 사택소명이 죽자 텐무(天武)천황이 "놀라서 은혜를 내려 외소자(外小紫)의 관위를 내려주고 아울러 본국의 대좌평 관위도 주었다"고 한다. 사택소명은 총명하고 지혜로워 당시 수재로 불렸다고 하는 인물평으로 보아 왜 왕실이 특별히 대우하고 있었던 것이 아닐까 짐작된다. 이듬해 봄 정월 10일에 백제왕 창성이 죽었을 때에는 텐무천황이 제6위인 소자위를 내려주었다고 한다.

724년에 즉위한 쇼무(聖武)천황은 740년 2월 19일에 종5위하 품계이던 백제왕 자경(慈敬)에게 종5위상, 정6위상 품계이던 백제왕 전복(全福)에게 종5위하 품계를 주었다. 자경은 원보의 아들이며, 전복은 양우의 아들이다. 이들 백제왕씨에 대한 특별 승급은 쇼무천황이 왕비와 함께 2월 7일에 나니하노미야(難波宮)에 갔다가 금빛 노사나불(盧舍那佛)을 보고 감명을 받은 뒤 더 큰 노사나불을 만들기 위해서 셋츠노쿠니(攝津國)의 쿠다라노코오리(百濟郡)를 기반으로 백제계 씨족을 이끌고 있던 자경(慈敬) 등에게 협조를 구한 것이라는 해석이 통설이다. 자경은 이듬해인 741년에 궁내대보(宮內大輔)로 임명되었으며, 744년에 정5위하 품계를 받았다. 같은 해 9월에는 백제왕 전복이 산음도사(山陰道使)에 임명되었다. 산음도는 지금의 돗토리(鳥取)·시마네(島根)지역 대부분과 교토(京都)·효고(兵庫)지역 일부를 가리킨다. 747년 9월부터 749년 10월까지 동대사(東大寺)에서 거푸집에 구리물을 8번 부어넣는 작업 끝에 마침내 높이 5장3척5촌(16.19m)의 노사나대불상을 완성하였다. 이 작업을 지휘한 사람은 대불사(大佛師) 쿠니나카노무라지키미마로(國中連公麻呂)인데, 백제 유민 덕솔(德率) 국골부(國骨富)의 손자라고 한다.

동대사 대불에 도금한 황금을 채굴하는 데에는 백제왕경복(百濟王敬福)의 역할이 매우 컸던 것으로 알려진다. 경복은 쇼무천황에게 에미시(蝦夷)

의 거주지역인 무츠노쿠니(陸奧國)에 위치한 황금광산을 개발하자고 건의하였고, 이에 743년 6월 무츠노카미(陸奧守)에 임명된 뒤 날랜 군사들과 채금 기술자들을 데리고 갔으며, 749년 2월 22일 마침내 금광을 찾아내었다고 보고하였다. 당시 그가 지휘한 채금 기술자들은 백제계 유민으로 알려진다.

왜국에 정착한 백제유민의 전문 분야

왜국은 603년부터 관위 12계(階)를 시행하다가 647년에 13계로 개정하고 649년에 다시 19계로 개정하였다. 그리고 664년 2월 9일에 26계(階)로 관위를 세분하였고, 685년 1월에 48계(階)로 더욱 잘게 나누었다. 701년에는 대보령(大寶令)에 따라 직계왕족인 친왕(親王)은 1품부터 4품까지, 제왕(諸王)·제신(諸臣)은 정1위부터 소초위하(少初位下)까지 30계로 조정하였고, 이러한 관위체계를 근대까지 사용하게 된다. 그러므로 여자신을 비롯해 백제 유민들이 관위를 받은 시점은 26계를 시행하던 무렵이다. 여자신이 받은 대금하는 제9위로서 왕족 일부에게 주던 상급 관위이며, 나머지 달솔 50여인이 받은 소산하는 제18위로서 중간 계급 관위이다.

백제 유민들이 주로 활동한 분야는 법률, 교육, 군사, 의학, 종교사상 등으로 추정된다. 671년에 사택소명이 받은 관직인 법관대보(法官大輔)는 관

<표2> 일본 고대의 관위(官位)

순위	관위 26계(664년)	관위 48계(685년)		복색
1	대직(大織)			검붉은색 深紫(685) 赤紫(690)
2	소직(小織)	정대일(正大壹)	정대삼(正大參)	
3	대봉(大縫)	정광일(正廣壹)	정광삼(正廣參)	
4	소봉(小縫)	정대이(正大貳)	정대사(正大肆)	
5	대자(大紫)	정광이(正廣貳)	정광사(正廣肆)	
6	소자(小紫)			
7	대금상(大錦上)	직대일(直大壹)	직대이(直大貳)	붉은색 淺紫(685) 緋(690)
8	대금중(大錦中)	직광일(直廣壹)	직광이(直廣貳)	
9	대금하(大錦下)			
10	소금상(小錦上)	직대삼(直大參)	직대사(直大肆)	
11	소금중(小錦中)	직광삼(直廣參)	직광사(直廣肆)	
12	소금하(小錦下)			
13	대산상(大山上)	근대일(勤大壹)	근대삼(勤大參)	짙은 녹색 深綠
14	대산중(大山中)	근광일(勤廣壹)	근광삼(勤廣參)	
		근대이(勤大貳)	근대사(勤大肆)	
15	대산하(大山下)	근광이(勤廣貳)	근광사(勤廣肆)	
16	소산상(小山上)	무대일(務大壹)	무대삼(務大參)	옅은 녹색 淺綠
17	소산중(小山中)	무광일(務廣壹)	무광삼(務廣參)	
		무대이(務大貳)	무대사(務大肆)	
18	소산하(小山下)	무광이(務廣貳)	무광사(務廣肆)	
19	대을상(大乙上)	추대일(追大壹)	추대삼(追大參)	짙은 포도색 深葡萄(685) 짙은 옥색 深縹(690)
20	대을중(大乙中)	추광일(追廣壹)	추광삼(追廣參)	
		추대이(追大貳)	추대사(追大肆)	
21	대을하(大乙下)	추광이(追廣貳)	추광사(追廣肆)	
22	소을상(小乙上)	진대일(進大壹)	진대삼(進大參)	옅은 포도색 淺葡萄(685) 옅은 옥색 淺縹(690)
23	소을중(小乙中)	진광일(進廣壹)	진광삼(進廣參)	
		진대이(進大貳)	진대사(進大肆)	
24	소을하(小乙下)	진광이(進廣貳)	진광사(進廣肆)	
25	대건(大建)			
26	소건(小建)			

료의 근무평정을 담당하는 기관(법관)의 차관에 해당하는 직위이며, 귀실집사가 받은 관직 학직두(學職頭)는 관료양성기관인 대학료(大學寮)의 장관으로서 관료 후보생인 학생들을 유교적으로 교육하고 시험하는 일을 총괄하였다. 대학료는 당시 중국 당나라의 국자감(國子監)을 본뜬 것이다. 이때 제15위 대산하(大山下) 관위를 받은 곡나진수·목소귀자·억례복류·답발춘초 등은 병법에 밝고 금라금수·귀실집신 등은 의약에 밝다고 하였는데, 이는 백제유민이 군사분야와 의료분야에서 활동하였음을 나타낸다. 제16위에 해당하는 상소산상 관위를 받은 덕정상과 길대상도 의약에 밝다고 하였으며, 허솔모는 오경에 밝고 각복모는 음양에 밝았다고 한다.

사택소명과 허솔모는 668년에 제정된 근강령(近江令)의 편찬자로 알려져 있다. 그리하여 텐치천황이 죽고 텐무[天武]천황이 즉위한 뒤에도 중용되었을 것으로 보인다. 『일본서기』에는 텐무천황이 678년 5월 "3일에 조칙을 내려 대박사(大博士) 백제인 솔모(率母)에게 대산하 관위를 주고 30호(戶)를 봉(封)하였다"는 기록이 있다.

지금의 시가켄(滋賀縣) 히노쵸(日野町)는 옛 오우미노쿠니(近江國) 가모노코호리(蒲生郡)에 해당하는데, 오노무라(小野村)에 위치한 키시츠진자(鬼室神社)에는 에도(江戶)시대에 「귀실집사묘(鬼室集斯墓)」라는 글자가 정면에 새겨진 8각 돌기둥(石柱)이 있었다고 한다. 돌기둥의 오른쪽 측면에는 「주조(朱鳥) 3년 무자(戊子) 11월 8일 죽음(殉)」이라고 쓰여 있었는데, 주조 3년은 지토(持統)천황 2년(688)에 해당한다. 그러나 여러 가지 정황으로 보았을 때 돌기둥을 7세기말에 세웠다고 보기는 어렵고, 적어도 그로부터 수

백 년 뒤에 세운 것으로 추정된다. 그렇더라도 백제 유민들이 집단 거주했던 지역에 귀실집사를 흠숭하는 시설이 만들어졌다는 사실은 주목할 만하다.

앞에서 간단히 소개한 바와 같이 665년 가을 8월에 왜왕(텐치천황)이 한반도에서 가까운 서일본지역에 성을 쌓기 위해 보낸 백제유민 답발춘초·억례복류·사비복부 등은 모두 병법에 밝은 군사 전문가였다. 왜국이 667년 11월에 쌓았다고 하는 나라(奈良)지역의 다카야스노키(高安城), 시고쿠(四國)지방의 야시마노키(屋島城), 대마도의 가나타노키(金田城) 등의 산성은 모두 바닷길을 통제하는 곳에 위치한 이른바 조선식(朝鮮式) 산성이다. 누가 쌓았는지에 대해서는 자세한 기록이 없으나, 백제 유민의 축성기술이 투영된 것으로 보인다. 7세기 말엽 일본열도에서 백제유민들이 토목분야에서 전문성을 인정받았을 개연성이 있다.

671년 봄 정월에 텐치천황으로부터 제15위 대산하 및 제16위 소산상 관위를 받은 백제 유민 금라금수·귀실집신·덕정상·길대상 등은 전문분야가 의약이었다. 금라금수는 금라(金羅)와 금수(金須) 2인으로 보기도 한다. 백제는 6세기 무렵에 이미 22부사(部司)의 내관(內官) 12부에 약부(藥部)가 있었으며, 그 책임자는 달솔 또는 은솔에 해당했던 것으로 보인다. 그리하여 553년 6월에 왜국 킨메이(欽明)천황이 의박사(醫博士)·역박사(易博士)·역박사(曆博士)와 복서(卜書)·역본(曆本) 및 여러 가지 약물을 보내달라고 백제에 요청하자 성왕(聖王)이 554년 2월에 의박사 나솔(奈率) 왕유릉타(王有淩陀), 채약사(採藥師) 시덕(施德) 반량풍(潘量豊)과 고덕(固德) 정유타(丁有陀),

그리고 약인(藥人) 여러 명을 파견해주기도 하였다. 왜국에서 의약관련 관부 이름이 『일본서기』 등의 기록에 처음 나타나는 것은 텐무천황 때인 675년 봄 정월의 외약료(外藥寮)인데, 대학료(大學寮)·음양료(陰陽寮) 및 백제왕 선광과 함께 거명되어 백제 유민과 깊은 연관성이 있음을 시사한다. 『일본서기』에 따르면, 지토(持統)천황이 691년 정월 13일에 여러 왕족·신하들에게 물품을 내려줄 때 정광사(正廣肆)인 백제왕 선광(禪廣)에게는 봉호(封戶) 100호를 더 내려주어 도합 200호가 되게 하였으며, 12월 2일에는 의박사 무대삼(務大參)인 덕자진(德自珍)과 주금박사(呪禁博士) 목소정무(木素丁武)·사택만수(沙宅萬首)에게 각각 은 20량을 주었다고 한다. 주금박사는 주술로 질병을 치료하는 사람들을 길러내는 관료이다. 이와 같은 의약·주술관련 관료는 집안 대대로 세습하는 것이 관례였다. 이러한 전통에 따라 양로령(養老令;757년 시행)을 비롯한 일본 고대 율령에는 세습자제를 우선 선발하라고 기재되어 있다.

중국 연운항 석실묘와
백제 유민

임 영 진

前 전남대학교 교수

들어가며

중국 강소성 연운항시(連云港市)는 산동반도가 강소성으로 꺾이는 곳에 위치한 항구도시로서 해주만(海州灣)을 중심으로한 해양교통의 요충지이다.

연운상시에는 운대산(雲台山) 일대에 6~7세기를 중심으로 축조되었다고 추정되는 석실묘들이 다수 분포되어 있다. 현재 공식적으로 확인되어 있는 석실묘는 474기에 달하며, 그동안 파괴되어버린 것이 적지 않지만 정확한 수를 알 수 없고 앞으로 더 발견될 가능성도 배제하기 어렵다.

최근 그 주인공과 축조배경에 대해 많은 관심을 불러일으키고 있는데 공식적으로 발굴조사가 이루어진 것은 20기 남짓할 뿐만 아니라 주변 지역에서는 잘 확인되지 않기 때문에 그 주인공과 축조배경을 밝혀내기가 쉽지 않다. 강남지역 오월 석실토돈묘인과 관련되었다는 견해, 백제 유민과 관련되었다는 견해, 통일신라인의 교류 활동과 관련된 것이라는 견해 등이 제기되었고 고구려인과 관련되었다는 견해도 있다.

이 글에서는 지금까지 확인된 석실묘들의 현황과 특징을 검토하고 그 피장자와 축조배경에 대한 여러 견해들을 검토한 다음 백제 유민과의 관련성 여부에 대해 살펴보도록 하겠다.

운대산 봉토석실묘군(강소성 지정문화재)

연운항은 어떤 곳인가

연운항은 강소성 북부의 항구도시이다. 산동반도가 연운항에서 동쪽으로 크게 꺾여서 시작되기 때문에 연운항 앞에는 해주만(海州灣)이 형성되어 있다. 연운항은 이 해주만을 낀 연안항로상의 중요한 항구로 발전해 왔는데 현재 산동반도 북쪽으로 흘러나가는 황하가 한때 산동반도 남쪽으로 흘러나오기도 하였을 정도로 물길이 복잡한 지역이기 때문에 주변 환경의 변

스러져간 백제의 함성

화에 대해 살펴 볼 필요가 있다.

역사적으로 황하 하류는 변화 무쌍하였다고 할 수 있을 만큼 물길이 자주 바뀌었다. 특히 서한 시기까지는 범람이 자주 일어났다가 동한 시기에 본격적인 제방이 축조되면서 안정되기 시작하였지만 그 이후에도 큰 홍수를 막기는 어려웠다.

수호지로 유명한 양산박(梁山泊)은 산동성 제녕시

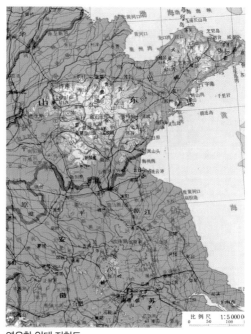

연운항 일대 지형도

(濟寧市) 양산현에 있는 드넓은 습지인데 944년 황하가 범람하면서 형성된 곳이다. 1077년에는 황하가 두 갈래로 갈라져 북쪽은 산동성 북쪽의 발해만으로 흘러가고 남쪽은 강소성 회하(淮河)와 합하여 해주만 남쪽으로 빠지기도 하였다. 황하 물길의 변화에 대해 송나라 소철(蘇轍)은 "동쪽으로 태산 기슭으로 흐르다가 범람하면 서쪽으로 흐르고, 서쪽으로 태행산 기슭으로 흐르다가 범람하면 동쪽으로 흘렀다"고 한 표현한 바 있다.

황하 물길은 인위적으로 바뀌기도 하였다. 1128년 남송 두충(杜充)은 금나라 군대를 막기 위해 제방을 터뜨리는 바람에 황하가 산동성 서남쪽을

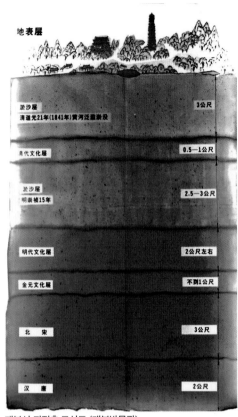

地表層

淤沙層
清道光21年(1841年)黄河迁遷淤沒 　　3公尺

清代文化層 　　0.5—1公尺

淤沙層
明崇禎15年 　　2.5—3公尺

明代文化層 　　2公尺左右

金元文化層 　　不到1公尺

北　宋 　　3公尺

汉　唐 　　2公尺

개봉성 퇴적층 모식도 (개봉박물관)

거쳐 강소성 회하로 흘러들기 시작하였다. 그 후 700여년 동안 황하는 회하로 흘러들었는데 1397년, 1410년, 1416년에는 큰 홍수가 나서 포청천으로 유명한 송나라 개봉성이 토사에 묻히기도 하였다. 한고조 유방의 고향이자 삼국시대 유비가 처음으로 세력을 이루고 정착하였던 강소성 서주(徐州)는 명나라 말 이전까지 몇 차례 매몰된 바 있고, 하북성 거록현(巨鹿縣)에서는 송나라 유적이 지하 6.7m 깊이에서 발견될 정도였다.

　　1855년 음력 6월에는 황하가 크게 범람하면서 물길을 바꿔 700여년만에 산동성 북쪽 이진(利津)에서 다시 발해로 흐르기 시작하였다. 1938년에는 국민당이 일본군을 막기 위해 정주 북쪽 화원구(花園口)에서 제방을 터뜨리는 바람에 황하가 남쪽 회하로 흘러가면서 수재를 입은 지역이 5.4만 ㎢에 달하기도 하였는데 1947년이 되어서야 옛 물길을 되찾을 수 있었다.

연운항 일대는 이와같은 황하의 범람으로 인해 북쪽 산동반도와 남쪽 회하 사이에서 지형 변화가 많았다. 『수경주(水經注)』를 보면 황하 하류에는 180여개의 크고 작은 호수들이 있었음을 알 수 있다. 현재도 연운항 서쪽에는 좁고 긴 호수들이 줄지어 있는데 이는 과거 황하가 회하로 빠져 나갔던 물길이기도 하다. 연운항 동쪽지역은 명나라 때까지 섬이었으며 지금도 수 많은 하천들이 연운항 산지를 돌아 황해로 흘러 나간다. 연운항 일대에 산재한 이와같은 하천과 호수들은 서로 이어져서 내륙 깊숙한 곳까지 선박 운항이 가능하게 만들었다. 해주만 입구에 위치한 연운항 지역은 서쪽으로는 서주와 개봉을 거쳐 낙양에 이르고, 남쪽과 북쪽으로는 대운하가 연결되는 내륙 물길의 요충지였을 뿐만 아니라 산동반도에서 강남지역을 연결하는 국제 항해로의 중요 기항지 가운데 하나였다.

현지인들의 인식

석실묘들이 분포하는 연운항은 현재 육지가 되어 있지만 대부분은 청나라 이전까지 운대산을 중심으로 섬을 이루고 있었다. 석실묘들은 산 경사면이나 산록 정상부에 위치하는데 산 경사면에 위치한 석실들은 석실과 분구가 잘 남아있는 편이지만 산록 정상부에 위치한 석실들은 민가와 가까운 까닭에 거의 다 파괴되고 하단부 정도만 남아있는 것이 많다. 대부분의 석실들이 바닥이 지면으로 이어지는 지상식에 해당하기 때문에 석실 내부를 관찰하기에는 용이하지만 도굴의 피해가 막심하다. 현지인들은 오래전부터 그 존재와 구조를 파악하였지만 성격에 대해서는 여러 가지 의견으로 갈라져서 명칭이 다양하다. 고동(古洞), 당왕묘(唐王洞), 장군동(藏軍洞), 토동자(土洞子), 토옹자(土瓮子), 풍수돈(風水墩), 봉화돈(烽火墩) 등이 그것이다.

연운항 석실에 대한 현지인의 기록으로는 민국시대 방수봉(龐壽峰)의 글이 가장 이른 것이다. 당시 학생이었던 그는 운대산 석실을 목격하고 『해주지』, 『운대산지』 등을 참고하여 '운대산고동실고(雲臺山古洞室考)'라는 글을 썼는데, 스승 오철추(吳鐵秋)가 편찬한 『창오편영(蒼梧片影)』에 수록되었다. 현지 주인들은 당나라 왕이 동쪽을 정벌할 때 거주하였다거나 군사시설로 사용되었던 것이라 하여 당왕동, 장군동 등으로 부르는 한편 지역학자들은 옛 무덤으로 보고 있다는 사실을 소개한 다음, 그 구조가 망자를 매장하는 일반적인 방식에 부합하지 않고 문헌으로도 증명하기 어렵기 때문에 주나라 이전의 주거용 동굴로 보아야 한다는 견해를 제시하였다.

고동, 당왕동, 장군동, 토동자, 토옹자 등은 연운항 석실 유적들이 모두 주거시설의 일종이라는 인식에서 나온 현지인들의 호칭들이다. 풍수돈은 진시황의 불로장생을 기원하는 것과 관련된 것인데 연운항 인근에는 진시황의 명령으로 불로장생약을 구하기 위해 출항하였다고 전해오는 서복(徐福) 마을이 있기 때문에 서로 무관하지 않을 것이다. 봉화돈은 관방용 시설이라는 것이지만 그 구조가 불을 피워 멀리 알리기 위한 일반적인 봉수시설과는 차이가 크다.

스러져간 백제의 함성

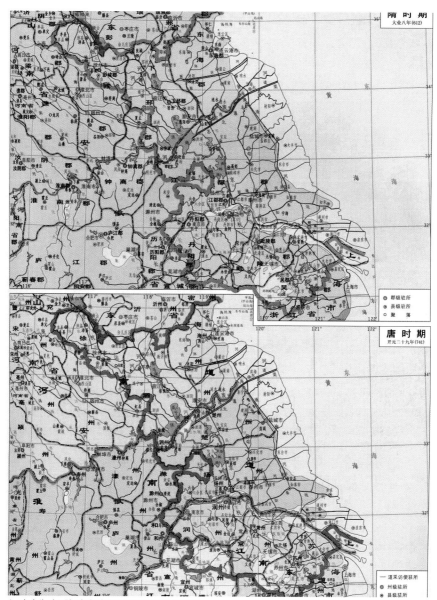

수·당시대 연운항 일대 지형도 (國家文物局 2008)

전문적인 학자들의 인식

연운항 석실묘에 대한 학술적인 첫 조사는 1954년에 주강(朱江)에 의해 이루어졌다. 석실 3기가 조사되었고 육조 청자완이 출토되어 육조 이후의 군사시설로 인식되었다. 1986년에 왕영생(王迎生), 전공린(錢公麟) 2인이 조사연구 성과를 발표하였다. 왕영생은 이로산(伊蘆山)에서 확인된 석실묘 100여기에 대해 소개하였고, 전공린은 연운항 지역의 석실들이 오월지역 토돈석실과 상통하는 것이라는 견해를 발표하였다.

본격적인 학술조사는 1989년과 1990년에 걸쳐 남경박물원과 연운항시박물관의 합동으로 이루어졌다. 200여기의 석실묘가 확인되었고 그 가운데 22기가 발굴되었다. 이와같은 현지조사를 바탕으로 1993년 기달개(紀達凱)와 진중(陳中)은 오월 석실토돈묘와의 관련성에 대해 논하였고, 2000년 임유근(林留根)은 구조적으로 오월 석실토돈묘와 상통하므로 역사적으로 오월쟁패와 무관하지 않다고 하였으며, 같은 해 추후본(鄒厚本) 역시 비슷한 견해를 제시하였다. 2003년 주금병(周錦屏)은 석실묘들이 석괴로 쌓은 것이고 평면이 장방형이며 단면이 제형이고 천정을 큰 돌로 만든 점 등이 강남지역 토돈석실과 상통하므로 오나라 군사시설일 가능성이 높다고 하였다. 2008년 중국문물지도집 강소분책에서는 479기 이상의 석실묘들이 8개 지역에 분포되어 있다고 소개하고 있다. 2011년부터 2015년까지 이루어진 정밀분포조사에서는 연운항 운대산(雲臺山), 공망산(孔望山), 금병산

스러져간 백제의 함성

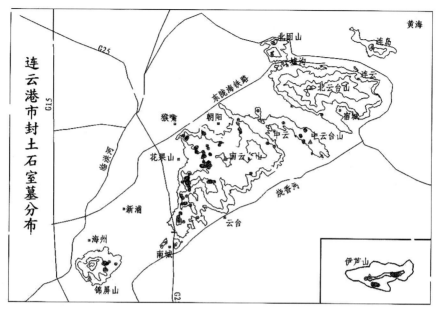

연운항 석실묘 분포도 (連雲港市重点文物保護研究所 2018)

(錦屛山), 이로산(伊蘆山) 일대에서 474기의 석실묘들이 확인되어 촬영과 실측이 이루어졌고 2018년 보고서로 출판되었다.

연운항 석실묘에 대한 학계의 인식은 그 명칭을 통해 짐작해 볼 수 있다. 그동안 강소성 고고학계에서는 봉토석실, 석실토돈, 토돈석실 등의 명칭을 사용하였는데 이는 은연중 오월 석실토돈묘와의 관련 가능성을 염두에 둔 것이었다. 그 가운데 '토돈석실'은 2011년 남경대 장학봉(張學峰)에 의해 발표되었던 논문 제목에도 사용되었지만 그 주인공이 '석실묘를 사용하는 통일신라 이주민'이라는 것이 결론이었다. 2013년에는 충남대 박

순발에 의해 '봉토석실묘'로 칭해지면서 '백제 유민'이라는 견해가 제기되었다.

2015년 12월에는 2011년부터 시작되었던 정밀분포조사가 마무리되면서 '중·일·한 연운항봉토석실묘학술연토회'가 개최되어 보다 다양한 검토가 이루어졌는데 구체적인 내용은 다음과 같다.

① 오월인 가능성 ; 중국 태호-항주만 지역에서는 지상에 위치한 석실토돈묘가 많이 분포되어 있다. 대부분 서주시대 후기부터 전국시대 중기에 걸쳐 오월인이 사용하였다. 석실의 위치가 지상이라는 점과 장축방향이 남북방향으로 고정된 것이 아니라는 점 등이 연운항 석실묘와 상통하기 때문에 춘추전국시대 패권 다툼 속에서 강남지역 오월인들이 황해 연안을 따라 북상하여 연운항 석실묘들을 남겼을 것으로 보고 있다.

② 운남, 귀주, 사천 일대의 석관 축조인 가능성 ; 중국 운남, 귀주, 사천 일대에서는 연운항 석실묘와 비교해 볼 수 있는 석관묘 유적들이 적지 않다. 그러나 운남 지역 석실묘는 강(羌) 등 소수민족과 관련된 것으로 보고, 귀주 지역 석실묘는 중묘(狆苗) 등 소수민족과 관련된 것으로 보며, 사천 지역 석실묘 역시 현지 소수민족들과 관련된 것으로 보고 있다. 구조적으로나 시기적으로 연운항 석실묘와 차이가 크기 때문에 상호 관련성은 매우 낮다고 보고 있다.

③ 고구려인 가능성 ; 고구려에서는 적석총과 봉토분 모두 석실을 가지고 있는데 석실 평면형태는 방형이 대부분이고 천정 구조가 다양하다. 그 가운데 말각천정은 고구려 석실의 큰 특징인데 연운항 석실 가운데 이

와 상통하는 구조를 가진 예가 보인다. 측실 역시 평양 고산리 9호분과 같은 고구려 석실에서도 찾아 볼 수 있다. 특히 연운항 북운대산은 현지에서 개소문봉(蓋蘇文峰)이라 불리는데 이는 고구려 연개소문을 가리키는 것이 분명하므로 연운항 지역과 고구려의 관계를 부인하기 어려울 것으로 보고 있다.

④ 백제인 가능성 ; 백제 석실묘는 시기에 따라 구조가 변화하고 지역에 따라 변이가 보인다. 그 가운데 서천, 보령, 홍성 등 충남 서부지역 석실묘는 연운항 석실묘와 구조적으로 상통하는 점이 있으며 특히 보령 연지리 고분군은 지하식, 반지하식, 지상식 석실들이 공존하는 점에서 더욱 그러하다고 보고 있다. 또한 연운항에서 출토된 토기편은 문양이나 소성 상태 등으로 보아 백제토기일 가능성이 높고 수나라 청자편과 공반되므로 백제 멸망 이전부터 백제인이 거주하기 시작하였고 멸망 이후에도 이어졌을 가능성을 배제하기 어려울 것으로 보고 있다.

⑤ 통일신라인 가능성 ; 통일신라에서는 석실묘가 성행하였는데 시기적으로 연운항 석실묘와 병행할 뿐만 아니라 당나라와는 활발한 교류가 있었기 때문에 통일신라인이 남긴 것으로 보고 있다. 통일신라에서 당나라 수도로 가는 교통로는 2가지가 있는데 그 가운데 연운항은 회화를 따라 내륙으로 향하는 길목에 위치한 중요한 항구이므로 통일신라인이 많았을 것으로 보고 있다. 특히 신라방, 신라관 등 통일신라인의 거류지와 접대시설에 대한 문헌기록이 있다는 점과 관련지을 수 있을 것으로 보고 있다.

⑥ 왜인 가능성 ; 일본열도에서는 4세기 중엽경 구주(九州) 중북부에서

석실묘가 시작되어 주변지역으로 파급되어 나가는 한편 5세기 말부터 기내(畿內) 지역을 중심으로 백제 석실묘가 도입되기 시작하였다. 양자는 서로 다른 구조를 가지고 있는데 가장 큰 차이는 석실의 위치이다. 구주 북부 지역에서는 석실이 지상 분구에 위치하는 반면 기내 지역에서는 지하 토광에 위치한다. 따라서 석실이 지상에 위치한 구주지역 석실과 연운항 석실이 상통한다고 할 수 있지만 연운항 지역의 석실묘와 직접 연결되기 어렵다고 보고 있다.

연운항 석실묘의 구조와 연대

입지와 석실 위치

석실묘의 특징을 파악하는데 있어 입지는 매우 중요한 요소이다. 연운항에서는 크게 산 경사면과 구릉 정상부로 나누어 볼 수 있는데 산 경사면의 경우에는 중턱 이상의 높은 지점에서 상대적으로 완만한 지점을 택하고 있다. 이는 연운항의 석실들이 대부분 지상에 위치하고 (반)지하에 해당하는 것은 많지 않기 때문이며 보다 근본적으로는 시신을 안치하는 위치가 지하가 아니라 지상인 경우가 많기 때문이다.

스러져간 백제의 함성

이로산 '장군동'의 입지(위쪽 중턱 평탄면)

분구의 형태와 규모

분구의 형태는 원형이 일반적이지만 타원형도 있다. 석실의 길이가 길어질수록 원형보다는 타원형을 띠게 되는데 이는 분구가 지상에 위치한 석실을 보호하기 위해 석실을 중심으로 축조되기 때문이다. 타원형으로 보고된 분구 가운데에는 원래 장방형이었던 것이 변한 것도 있을 것으로 추정된다. 분구 자락에는 호석을 둘러 분구 유실을 방지하기도 하였다. 분구 크기는 일반적으로 직경 7m 내외이지만 석실의 길이에 따라 5~15m로 차이가 있다. 분구의 높이는 2m 내외가 일반적이지만 분구가 커질수록 높아지

연운항 금병산 JSPM001 석실묘 전경

는 경향이 있다.

석실의 장축방향

석실 장축방향은 출입구의 방향에 따라 정해지는데 이는 공간적, 시간적으로 차이가 있다. 흔히 양지 바른 남쪽 경사면에 토광을 파고 시신을 안치하는데 이는 장축방향을 남북으로 하고자 하는 의도가 반영되어 있다. 중국에서 남북방향이 선호된 배경에는 도교의 영향이 컸다고 할 수 있으며 특히 중원지역에서 일반적인 특징이 되었다. 연운항 석실 들의 장축방향은 남북이 위주라기보다는 다양하다고 할 수 있으며 동서방향을 취한 것도 있다는 점에서 중원지역과 달리 특정한 장축방향을 고수하지 않았다고 할 수 있을 것이다.

석실의 구조

석실은 현실, 연도, 묘도로 구성되는 것이 일반적이다. 현실은 평면형태에 따라 정방형, 장방형, 세장방형, 삭고형으로 구분해 볼 수 있다. 삭고형은 평면형태가 전통 북 가운데 하나인 삭고(朔鼓)를 닮은 것으로서 현실 양쪽 긴벽이 바깥으로 휘어져서 실내 면적을 넓히는 동시에 분구의 토압을 지탱하도록

이로산 '장군동'

한 것이다. 중국 전실묘 가운데 규모가 큰 것은 흔히 삭고형을 띠고 있는데 이는 바로 그 때문이다. 부장품을 위해 측실을 둔 것도 보이는데 이는 전실묘에서 찾아볼 수 있다. 연도는 그 위치에 따라 ㄱ자형, 역ㄱ자형, T자형, 11자형으로 구분된다. 모두 중원지역이나 강남지역 전실묘에서 찾아볼 수 있으며 규모가 큰 경우에는 T자형을 띠는 것이 일반적이고, 규모가 작은 경우에는 현실 양벽이 11자형으로 연장되어 연도로 사용되기도 한다. 석실은 작은 할석이거나 혼자 들기 어려울 정도 크기의 자연석을 이용하여 벽돌처럼 쌓은 것이 많은 편이지만 여러 사람이 함께 운반해야만 하는 큰 판석을

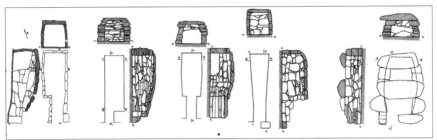

연운항 석실의 종류 (좌로부터 ㄱ자형, 역ㄱ자형, T자형, 11자형, 삭고형)

아래에 놓고 그 위나 옆을 작은 돌로 쌓은 것도 상당수 보인다. 길이가 긴 석실은 높이가 높은 것이 많다.

석실의 천정

현실을 덮어주는 천정은 현실의 길이에 따라 다르다. 방형 현실의 경우에는 현실의 네벽을 좁혀 올라간 다음 맨 위에 1개의 천정석을 놓은 궁륭천정이거나 네 벽 모서리를 연달아 좁혀 나간 말각천정이 보인다. 장방형이나 세장방형 현실의 경우에는 현실의 두 장벽이 수직으로 올라가거나 위로 갈수록 좁혀진 다음 그 위에 여러장의 판석을 덮은 평천정이다. 앞의 경우에는 현실 단면이 방형이나 장방형을 띠고, 뒤의 경우에는 사다리꼴을 띤다.

석실의 연대

석실의 축조 시기는 구조와 축조방법을 통해 파악하기도 하지만 보다 정확한 연대는 출토유물을 통해 알 수 있다. 지금까지 발굴조사된 석실에

연운항 석실묘 출토 도자기

서 출토된 유물은 남북조 말이나 수나라에 해당한다고 추정되는 것도 보이지만 대부분 황유도기, 청자반구호, 개원통보, 당삼채, 청동숟가락, 관못 등 당나라 시기에 해당하는 유물들이 주류를 이룬다.

연운항 석실묘의 주인공과 축조 배경

앞에서 연운항 석실묘의 주인공 문제에 대한 여러 견해들을 소개하였다. 이 문제를 푸는데 있어 감안해야 할 중요한 사실은 3가지 정도일 것이다. 첫째는 연운항 일대의 석실묘는 남북조시대 말부터 당나라 말까지 사용되었던 것으로 추정되고 있다는 점이다. 둘째는 연운항 지역에서는 이 석실묘와 연결되는 선행 묘제와 후행 묘제를 모두 찾아보기 어렵다는 점이다. 셋째는 연운항에서 육로이든 해로이든 연결될 수 있는 인근 지역에서는 비슷한 구조의 석실묘들을 찾아볼 수 없다는 점이다.

첫 번째 사실을 통해 알 수 있는 것은 연운항 석실묘의 주인공들이 남북조시대 말부터 당나라 말까지 이 지역에 거주하면서 상당한 세력을 이루었을 것이라는 점이다. 두 번째 사실을 통해 알 수 있는 것은 연운항 석실묘의 주인공들은 이 지역 토착민들이 아니면서 한정된 시기에 거주하였을 뿐이라는 점이다. 세 번째 사실을 통해 알 수 있는 것은 연운항 석실묘의 주인공들이 상당히 멀리 떨어진 지역에서 이주한 사람들일 것이라는 점이다.

첫 번째 사실을 통해 밝혀야 할 것은 이들이 맡았던 역할일 것이다. 두 번째 사실을 통해 밝혀야 할 것은 이들이 남북조시기 말부터 거주하기 시작하였던 이유와 당나라 이후에는 더 이상 거주하기 어렵게 된 이유일 것이다. 세 번째 사실을 통해 밝혀야 할 것은 이들이 처음 이주해 왔던 지역일 것이다.

이 세가지 문제는 서로 무관한 별개의 문제는 아니다. 앞에서 소개한 견해 가운데 운남, 귀주, 사천 지역과 관련될 가능성을 제외하면 나머지 견해들은 나름대로 상통하는 점이 있지만 부분적인 면에 국한된 점도 있다고 생각되므로 보다 종합적인 시각에서 살펴보도록 하겠다.

연운항 지역의 역사적 배경

연운항 지역에 석실묘들이 축조되기 이전에 해당하는 남북조시기는 대단히 혼란했던 시기였다. 특히 산동반도에서 회화 사이에 해당하는 지역에서는 남북조 사이의 각축이 두드러지면서 지배 세력이 자주 바뀌었다. 이와같은 상황에서는 안정된 세력이 자리잡기 어려웠을 것이며 이는 이 지역에서 확인된 유적들을 통해 뒷받침 될 수 있다. 신석기시대 관운현 대이산(大伊山) 석관묘를 위시하여 상주시대 남고산(南固山) 고분군과 소이산(小伊山) 유적, 한나라 대촌(大村) 유적과 백합간(白鴿澗) 화상석묘 등으로 이어지는 적지 않은 앞시기의 유적들이 남북조시대에 급격히 줄어들었다가 남북조시기 말부터 연운항 지역에 석실묘들이 집중되는 것은 이 지역의 역사적, 지정학적 성격을 잘 나타내 주고 있다.

동위 무정(武定) 7년(549)에는 이 지역에 해주(海州)를 설치하여 6군 19현을 관할하게 할 정도로 인구가 증가하였다. 『위서』 지형지에는 북위 전성기 정광(正光) 연간 해주 인구가 '4,878호 22,210인'에 달하였다고 기록되어 있다. 해주 치소는 현재의 연운항시 해주구 남쪽 관운현에 위치하였는데 당시 섬을 이루고 있었던 석실묘 지역을 마주보고 있다. 운대산 석실묘에서 출토된 유물 가운데 비교적 이른 시기의 것이 남북조 말에 해당하므로 바로 이 시기부터 이 섬에 석실묘들이 축조되기 시작하였을 가능성이 높을 것이다.

수나라 대업(大業) 3년(607)에는 해주를 동해군(東海郡)으로 개칭하였는데 『수서』 지리지를 보면 동해군은 27,858호에 달해서 인구가 늘었음을 알 수 있다. 이후 당 태종 정관(貞觀) 연간이 되면 해주에 '28,549호 184,000여인'이 거주하였음이 『구당서』 지리지에 기재되어 있다. 이는 가장 번성하였던 시기에 해당하는 것이며 현종 개원(開元) 연간이 되면 '23,728호'로 되어 있어 당나라 말 '안사의 난' 이후 쇄락해 가고 있음을 보여주고 있다.

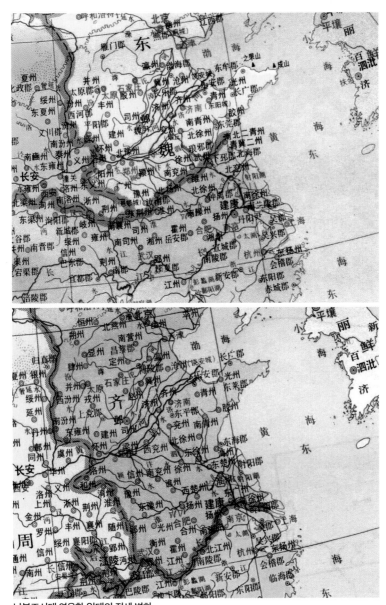

남북조시대 연운항 일대의 정세 변화

스러져간 백제의 함성

연운항 석실묘인들의 활동

연운항 석실묘 주인공들의 활동을 이해하기 위해서는 당시 이 지역의 자연환경과 인문환경을 이해하는 것이 필요하다. 연운항 지역에 석실묘들이 축조되었던 시기에는 자연환경이 현재보다 온화하였으며 이는 중국에 국한된 것은 아니었다. 당나라의 융성이나 통일신라의 번영 모두 온화한 기후에 힘입은 바 컸다. 당시 해주만은 서쪽 내륙으로 더 깊숙하게 들어가 있었고 석실묘 지역은 섬을 이루고 있었다. 석실묘가 분포되어 있는 북·중·남 운대산은 현재 연운항시 연운구를 이루고 있는데 최소한 서주시대부터 섬이 되어 있었으며 동한시대에 욱주(郁州)라 불리기 시작한 이후 명나라까지 계속되다가 청나라에 이르러 육지로 이어져서 더 이상 섬으로 불리지 않고 있다.

당시의 인문환경에 있어서는 백제 뿐만 아니라 고구려, 신라 모두 남북조와 교류하고 있었기 때문에 연운항 일대는 연안항로상 가장 중요한 기항지로 활용되었을 것이라는 점이 중요할 것이다. 낙양을 중심으로 발전하였던 북조 뿐만 아니라 남경을 중심으로 발전하였던 남조에서도 피해갈 수 없는 항로상의 요충지였던 것이다. 무엇보다도 주목해야 할 것은 당시 연운항 지역에서는 농경지를 확보하기 어렵기 때문에 석실묘의 주인공들이 농경에 종사하였다고 보기 어렵다는 사실이다. 474기에 달하는 석실묘들이 예외없이 산사면이나 구릉 위에 위치하는 것은 바로 당시의 환경과 관련되는 것이다.

이와같은 자연환경을 감안하면 남북조 말기부터 돌연히 나타났다고 볼

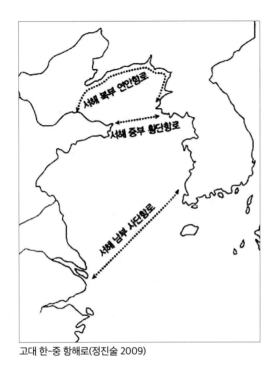
고대 한-중 항해로(정진술 2009)

수 밖에 없는 연운항 석실묘의 주인공들은 농경이 아닌 특별한 활동에 종사하면서 상당한 세력을 이루었고 몇백년 동안 이어졌다고 볼 수 있을 것이다. 따라서 이들의 거주 배경은 해상활동과 관련되었을 것으로 보는 것이 순리일 것이다. 이들의 해상활동은 상당한 규모의 석실묘로 미루어 단순한 어로활동이라고 보기 어렵기 때문에 교역을 비롯한 국제적인 교류활동과 관련되었다고 보는 것이 합리적일 것이다. 이들은 국제적인 해양교역 활동을 기반으로 재력을 축적하였을 것이고 이를 바탕으로 이와같이 큰 규모의 석실묘들을 축조하였을 것이다. 인근 지역에서 같은 구조를 가진 석실묘들을 찾아볼 수 없는 것은 인근 지역에는 이와같은 역할을 할 수 있는 교통의 요충지가 없기 때문일 것이다.

연운항 석실묘의 주인공

동위부터 시작되었다고 할 수 있는 해주구의 발전은 인구 밀집과 직결되는 것인데 과연 이들은 어디에서 이주하기 시작하였을까? 문헌기록에서는 이와 관련된 직접적인 내용을 찾아보기 어렵기 때문에 석실묘의 구조와 출토유물을 통해 접근해 볼 수 밖에 없다. 고고학적으로 연운항 석실묘의 기원지를 논하는데 있어서는 연구자에 따라 여러 가지 기준이 제시되고 있지만 가장 중요한 기준은 석실의 위치와 장축방향이다. 특히 석실의 위치는 선택의 문제가 아니라 전통의 문제이기 때문에 더욱 중요하다.

중원지역에서는 신석기시대 이래 지금까지 지하에 깊은 토광을 파고 목관, 목곽, 목실, 전실, 석실 등을 설치하여 시신을 안치한 다음 지상에 봉분을 만들어 보호하고 식별하는 전통이 유지되고 있다. 그 가운데 목실, 전실, 석실에는 출입구를 설치하여 후대 추가장이 가능하게 하였지만 부부합장이 기본을 이루었다. 강남지역에서는 신석기시대 이래 지상에 흙을 쌓아 분구를 만들고 그 안에 시신을 안치하였는데 같은 무덤에 여러 사람을 추가하여 묻기도 하였다. 지상의 분구에는 목관, 목곽, 목실, 석실 등을 설치하였는데 목관과 목곽의 경우에는 추가장을 할 때 새로운 목관이나 목곽을 설치할 수 밖에 없었지만 목실과 석실에는 출입구를 만들어 부부 뿐만 아니라 여러 가족들도 쉽게 추가장을 할 수 있게 하였다. 따라서 석실의 위치가 지하인지 지상인지에 따라 중원 전통과 강남 전통이 구분될 수 있다. 연운항 석실들은 지상에 위치하는 특징을 가진 점에서 일단 중원지역과의 관련성은 없다고 보아도 좋을 것이다.

연운항 석실묘와 병행하는 시기의 고구려와 신라에서는 석실의 위치가 지상이거나 반지상에 해당하는 것이 보편적이었다. 그러나 백제에서는 상

연운항 금병산 JSPM031 석실묘와 신안 상서 석실묘

스러져간 백제의 함성

당한 깊이의 토광을 굴착하고 지하에 석실을 두는 것이 일반적이었다. 다만 5세기 말부터 6세기 중엽까지 영산강유역권에서는 지상의 분구에 위치한 영산강식석실이 사용되었고 현실 하단에는 연운항 석실에서 찾아볼 수 있는 장대석들이 사용되기도 하였다. 특히 신안군 신의도에서 발굴된 석실묘들은 시기적으로 더 늦으면서 입지나 구조에 있어 연운항 석실묘들과 상통하는 점이 보인다. 이와같은 특징들은 일본열도 석실묘에서도 찾아볼 수 있다. 석실의 위치 못지 않게 중요한 석실의 장축방향은 고구려와 백제에서는 남북장축이 기본이면서 입구는 남쪽에 두는 것이 보편적이었지만 신라와 영산강유역에서는 장축방향이 고정되지 않았다. 일본 역시 마찬가지이다.

석실묘의 기원을 논하는데 있어 가장 중요하다고 판단되는 석실의 위치와 장축방향을 감안하여 보면 연운항 석실묘의 주인공은 일단 오월인일 가능성이 높다고 볼 수 있다. 특히 석실의 길이가 17.3m에 달하면서 너비는 3.5m에 불과한 세장방형 석실은 오월지역에서만 찾아볼 수 있을 뿐이다. 그러나 연운항에서 흔히 찾아볼 수 있는 길이 3~5m, 너비 2~3m 정도에 해당하는 장방형 석실은 오월지역에서 찾아보기 어렵다.

여러 가지 사항들을 종합적으로 감안하여 보면, 연운황 석실묘는 강소성 태호 주변에서 오월시기에 성행하였던 토돈석실과 관련된 강남지역 사람들이 이주하면서 축조되기 시작하였을 가능성이 가장 높을 것으로 추정된다. 특히 월나라는 한때 연안을 따라 산동지역으로 진출하여 낭야(琅邪)에 도읍을 두기도 하였다. 회남자(淮南子)를 보면 '오랑캐들은 말을 잘 다루고 월인들은 배를 잘 다룬다'고 했고, 월절서(越絶書)에서는 '(월인들이) 배를 모는 것이 마치 바람이 날리는 것처럼 빠르기 때문에 쫓아가기가 어렵다'고 한 바 있다. 그 후 동위 때 해주가 설치되고 여러 지역 사람들이 이주하여 석실묘를 축조하면서 서로 다른 구조를 가지게 되었을 가능성이 높다. 물론 백제 지역 가운데 지상 석실을 선호하였던 지역의 이주민이 섞여 있을 가능성도 배제하기 어려울 것이다.

백제는 373년 이후 연안항로를 이용하여 중국에 사신을 보냈다. 400년을 전후한 시기에는 고구려가 요동지역을 장악하게 되어 일시적이나마 횡단항로를 이용할 수 밖에 없었고, 475년 고구려에 한성을 빼앗긴 다음부터는 횡단항로도 제약을 받을 수 밖에 없었다. 그러나 어느 항로를 이용하더라도 연운항을 피해 갈 수는 없었기 때문에 이들의 안전 항해를 도와주거나 항해 물자를 보급하는 등의 역할을 맡았던 사람들이 연운항에 자리잡고 있었을 가능성이 높을 것이다.

백제가 나당연합군에 패배한 이후의 백제 유민도 있었을 것이다. 우리의 『삼국사기』와 『삼국유사』를 비롯하여 중국의 『구당서』, 『신당서』, 『자치통감』, 『책부원귀』, 『전당서』 등에 관련 기록이 남아있다. 하지만 백제왕과 귀족들에 관한 내용일 뿐 일반인에 대한 내용은 찾아보기 어렵다. 최근 연구에서는 이때 끌려간 백제 유민 일부가 강소성 서주와 산동성 연주(兗州)로 보내졌다고 보기도 하지만 근거가 분명하지 않고 해당 지역에서 이를 입증할 수 있는 고고학 자료가 알려진 바 없다. 당나라에서는 백제 뿐만 아니라 고구려에서 데려온 일반인 가운데 일부를 연운항에 보내 출신 지역

스러져간 백제의 함성

연운항 신라촌 유적

과의 교역을 돕도록 하였을 가능성도 있을 것이다.

통일신라인도 있었을 것이다. 당시 유학생, 승려, 상인 등 다양한 사람들이 건너와서 활동하였는데 이는 여러 문헌자료를 통해 알 수 있다. 특히 당나라 후기의 문종(文宗), 무종(武宗) 시기에 중국을 방문하였던 일본 승려 원인(圓仁)은 『입당구법순례기(入唐求法巡禮記)』를 남겼는데 거기에 운대산과 신라인이 나온다. 원인은 문종 개성(開成) 4년(839) 일행과 함께 운대산 앞 바다에 정박한 견당사선에서 나와 운대산 숙성촌(宿城村) 신라인의 집에서 잠깐 쉬었다고 하니 숙성촌에 거주하였던 통일신라인의 무덤도 있을 것이다. 다만 숙성촌 일대에서는 아직까지 석실묘가 확인된 바 없기 때문에 통일신라인들이 석실묘를 남겼다고 말하기는 어려울 것 같다.

나오며

석실묘 시기의 연운항은 동북아시아의 국제 교역항이었다. 황해를 낀 국제 항해로의 요충지일 뿐만 아니라 서쪽으로 내륙 수로를 통해 중원지역으로 들어가는 관문에 해당한다. 현재도 석실묘가 분포되어 있는 산지 주변에는 해주만으로 흘러 나가는 하천들이 평야지대를 관통하고 있다. 석실묘가 축조되었던 시기에는 해주만이 깊숙하게 들어와서 이 평야지대가 바다였기 때문에 석실묘는 섬에 만들어졌다. 혼란하였던 남북조시기가 끝나는 시기부터 석실묘들이 축조되기 시작하여 당나라 시기에 유행하다가 당나라 말기에 중단되었다. 오대십국시대의 혼란 속에서 더 이상 안전한 교역 활동을 유지해 나가기 어려웠기 때문이거나 연운항을 경유하지 않는 사단항로가 본격화되었기 때문일 것이다.

당나라 번영기 동안 국제 교역의 중심지로 발전하였던 연운항 지역에는 해양교역 활동에 익숙하였던 오월지역 상인들이 가장 먼저 진출하였으며 점차 여러 지역 사람들이 합류하였던 것으로 추정된다. 백제나 고구려인 가운데에는 패망 이전부터 교역에 종사하였던 사람들이 있었을 것이고 패망 후 그와같은 활동에 종사하게 된 유민들도 있었을 것이다. 왜인도 없었다고 단언하기는 어려울 것이다. 통일신라인의 활동은 신라방이나 신라관 등으로 입증되는 것이다.

당시 연운항 지역은 국제적인 항구이자 교역장이었던 만큼 연운항 석실묘의 주인공은 어느 한 지역과 관련된 사람들이라기 보다는 여러 지역과 관련되었을 가능성이 높을 것이다. 474기에 달하는 연운항 석실묘 가운데 발굴조사가 이루어진 것은 5% 정도에 불과하므로 그 주인공을 정확하게 밝히기 위해서는 향후 보다 많은 석실묘들이 발굴될 필요가 있을 것이다.

중국에 보이는 백제인들의
자취를 찾아서

정 재 윤

공주대학교 교수

들어가며

　　　　　　　중국을 통일한 당의 등장은 동아시아를 요동치게 하였다. 당의 질서를 따르면 선이요, 거역하면 악의 축이며 정벌의 대상이 된 것이다. 동북아시아의 강자인 고구려는 당의 팽창주의에 맞섰고, 계속된 당의 침략을 물리쳤다. 이에 당의 전략이 고구려를 포위하는 것으로 선회하면서 백제를 먼저 침공하게 된다. 백제는 소정방이 이끄는 당의 13만 대군과 김유신이 이끄는 5만의 신라군을 막기에는 역부족이었다. 결국, 의자왕은 8월 2일 굴욕적인 항복식을 거행하고, 9월 3일 태자 효와 대신 등 88명, 백성 12,807명과 함께 소정방에 의해 당으로 끌려갔다. 이들 중 당에 가서 재능을 인정받고 활약상을 엿볼 수 있는 인물도 있지만 다수는 이역만리 타국의 땅에서 쓸쓸히 조국을 그리며 생을 마친 것으로 보인다. 그 후손들 역시 백제는 고향이지만 한편으로는 숨기고 싶은 망향의 땅이었다. 그리고 세월이 흘러 커다란 바다에 합류하자 백제의 흔적은 자취도 없이 사라졌지만 그들이 남긴 편린들을 찾아 조각을 맞추어 보는 것도 시대적 아픔을 공감하는 기회가 될 것으로 기대된다.

의자왕과 그 후예들

백제 멸망의 한을 품고 이역만리에서 숨을 거둔 의자왕

의자왕은 해동증자로 칭송될 정도로 즉위한 이후 영민한 군주의 모습을 보이게 된다. 고구려와 전격적으로 화해하고, 40여성을 빼앗는 등 신라의 간담을 서늘하게 했던 사실을 상기하면 된다. 그러나 말년에는 요녀로 지칭되는 은고의 치마폭에 휩싸여 사치와 방탕을 일삼았고, 이 때문에 백제의 패망을 이끈 멸망의 장본인으로 낙인이 찍혔다. 참으로 안타까운 일이지만 사실 여부를 떠나 역사는 대부분 승자의 것만 남아 있고, 패자는 말이 없는 법이다.

의자왕은 그 후손들과 11일 당에 도착하여 고종을 만나 사면을 받았지만 마음이 편치 않은 것은 분명하였으리라. 이미 나이도 60대 중반에 이르렀고, 포로로 송환되었기 때문에 대우도 열악하였으리라 짐작된다. 더욱이 의자왕이 병을 앓았으나 치유를 하지 못했다는 주장도 있기 때문에 심신이 몹시 버티기 힘들었던 상황임이 분명하다. 곧이어 의자왕은 11월 7일 사망하게 된다.

의자왕의 후예들, 당에 둥지를 틀다

의자왕과 함께 당에 끌려온 아들로는 부여융과 부여효, 부여태, 부여연 등이 확인된다. 이중 태는 백제 멸망 때 스스로 왕이 되어 나당연합군에 항

능산리고분군에 조성된 의자왕 가묘

거하였기 때문에 당에서 환영을 받지는 못했을 듯싶다. 부여효의 경우 백제 멸망 당시 태자로 나오지만 족적이 확인되지 않은 것은 그가 당에서 중용되지 않았던 것을 말해준다. 부여연 역시 마찬가지이며, 개인적인 역량도 필요하지만 결국 당의 필요성에 의해 결정되었으리라 짐작된다. 이러한 면에서 본다면 부여융은 격렬하게 저항하던 백제 유민들을 위무하기 위해 필요한 인물로 간택되었음이 분명하다. 그가 멸망 당시 특별하게 당에 저항하지 않은 점, 이후 당의 백제 지배 정책을 충실하게 수행한 점이 이를 뒷받침한다. 더욱이 그는 또 다른 태자로 지칭되는 부여태 대신 백제의 태자로 나오기 때문에 당에서 태자임을 내세워 위무 정책에 활용하였을 가능성이 큰 것이다.

의자왕의 손자로는 부여문사와 부여문선, 그리고 부여덕장이 확인된다. 이들의 행적을 알 수 있는 단서는 찾아지지 않는다. 다만 증손자인 부여경은 부여융을 대신하여 웅진도독 대방군왕이 되었기 때문에 이들 중 하나가 부여경의 아버지였던 것으로 추정된다.

아울러 증손녀인 부여태비가 보인다. 부여태비는 그의 아버지가 부여덕장으로 나오기 때문에 부여태비의 가계는 4대가 확실하게 복원된다. 바로 의자왕-부여융-부여덕장-부여태비로 이어진 것이다. 이를 통해 의자왕의 후손들이 이역만리 중국 땅에서 명맥을 유지하고 있음은 확인된다 하겠다. 흥미로운 점은 당나라 현종 때 관리로 활약하였던 길온의 어머니가 백제 의자왕의 증손녀로 기록되었다는 점이다. 따라서 길온의 어머니 역시 의자왕 손자의 자식임이 확인된다. 길온은 안록산과 친밀하였고, 호부시랑(戶部郎中)과 무부시랑(武部侍郎)이 되었으며, 당시 실권자였던 양국충(양귀비의 사촌오빠)과 사이가 좋지 않아 755년 수뢰 혐의로 체포되어 8월 심문을 받던 중 사망하였다. 그해 11월 안록산이 난을 일으켜 세간에서는 안록산이 길온을 위해 복수를 했다는 풍문이 돌았다 한다. 이처럼 의자왕의 후손들은 4대까지 확인되지만 이후 행적은 알 수 없다. 아마도 당에 동화되어 더이상 백제인을 내세운 것이 무의미했거나 활동을 할 수 있는 기회가 없었으리라 짐작된다.

부여융- 백제인의 대변자인가, 개인의 영달을 위한 행위였나?

부여융 역시 백제 멸망 이후 의자왕과 함께 당에 끌려갔다. 의자왕처럼 사면되었으며, 사농경을 제수받았다. 이처럼 부여융이 종3품의 사농시 장관에 임명된 것은 당 황제로부터 백제 태자로서 대우를 받은 것이며, 활용 가치가 있기 때문이라고 생각된다. 실제 부여융은 663년 당이 백제부흥군을 대대적으로 공격할 때 증원군의 일원으로 참여했다. 주류성을 함락한 이후에는 부여융, 김인문과 함께 웅령에서 서로 화친할 것을 맹약하는 의식에 참여하였다. 665년에는 웅진도독 신분으로 신라 문무왕과 취리산에서 맹약을 하였으니 명실상부한 백제 유민을 대표하는 역할을 한 것이다. 물론 당이 부여융을 웅진도독으로 내세워 백제 유민들을 무마하는 대신에 한편으로 신라를 견제하는 의도가 있었음은 분명하다. 다만 백제 유민들도 누군가 이들을 대변해줘야 하고 백제의 태자로서 이러한 상황을 모르는 체할 수 없었을 것이다. 최소한 명분은 확보할 수 있는 것이다. 모든 것은 행동으로 말해준다. 부여융의 삶이 일관되게 백제 유민들을 위한 대변인 역할을 하였는가 여부가 판단의 기준이 될 것이다.

부여융의 활동은 실제 당의 통치 전략과 일치한 면이 보인다. 신라에 대한 견제가 그것이다. 웅진도독부는 당의 통치기구이기 때문에 당의 입장을 대변해야 하며, 따라서 신라의 백제 고지 지배에 대한 팽창 의도를 막았어야 한다. 이러한 면에서 본다면 어쩌면 부여융은 당의 힘을 이용하여 신라의 지배를 저지하려는 생각도 있었다고 보인다. 멸망 이후 '백제인의 씨를 말린다'는 공포스러운 말이 돌았듯이 누군가 백제인을 지켜줘야 했기 때문이다. 그러나 신라는 결국 671년 소부리주를 설치하여 백제고지를 장악하고 말았다. 이에 부여융은 676년 건안성으로 옮겨간 웅진도독부에서 웅진도독 대방군왕으로 임명되어 백제 유민들을 다스렸다. 마치 보장왕의 후예들이 소고구려국의 왕의 된 것처럼 일정기간 당의 필요에 의해 유민들을 위무하는 역할을 하다가 발해의 팽창에 의해 소멸된 것이다.

이 같은 행적을 보건대 부여융의 존재는 백제 유민과 밀접함을 알 수 있다. 서로에게 의지할 수밖에 없는 상황이었고, 부여융이 이들을 대변해주는 역할을 하였다면 그 정당성을 획득할 수 있다고 생각한다. 실제 부여융이 건안에 있는 웅진도독부에서 어떠한 행위를 하였는지는 확인할 수 없다. 다만 백제의 옛 땅에 남아 있는 백제 유민들을 위해 적극적으로 행동을 하지 않고 신라가 두려워 부임을 하지 않은 것을 보면 일신의 보신을 위해 한 측면도 부인할 수 없다. 각자가 판단할 문제이지만 선악의 경계가 모호하듯이 부여융의 경계도 모호하다. 그럼에도 불구하고 한 나라의 책임자로서 그가 적극적인 행위를 하지 않은 것은 비판받아 마땅하다.

부여태비- 당 황실의 일족이 되다

2004년 봄 서안 북쪽에 위치한 당 고조의 무덤인 헌릉의 배총(陪冢)이 도굴되어 섬서성 고고연구소에서는 긴급 구제발굴을 실시하였다. 발굴 결과 무덤 안의 유물은 모두 도굴당하였고 벽화만이 비교적 잘 남아 있었다. 그런데 뜻밖에도 이 무덤의 묘지석이 내용이 알려지면서 우리에 큰 반향을 일으켰다. 그것은 다름 아닌 사괵왕(詞虢王) 이옹(李邕)과 그의 부인인 부여태비(扶餘太妃)의 합장묘이며, 부여태비는 백제 왕실의 일원이었기 때문이다.

묘지석의 내용에 의하면 부여태비는 사괵왕 이옹과의 사이에서 다섯 아들을 두었고, 738년 49세의 나이로 죽었다. 흥미로운 점은 그녀가 의자왕의 증손녀였고, 부여융 손녀이며, 조청대부 위주자사로 기록된 덕장의 딸로 확인되었다는 점이다. 부여덕장은 부여융의 알려지지 않은 아들로 또 다른 의자왕의 후손들의 가계가 밝혀진 셈이다.

부여대비의 부군인 이옹은 당 고조의 종손으로 당 중종이 복위한 705년 사괵왕이 되었다. 출세한 배후에는 그의 첫번째 부인이 중종 황후의 여동생이었기 때문이다. 이를 감안하면 이옹이 위황후의 후광으로 종3품 비서감을 역임하였던 것도 이해된다. 하지만 위황후 일족의 전횡에 반감한 황실의 정변으로 예종이 복위하자 이옹은 재빠르게 아내인 숭국부인의 머리를 베어 조정에 바침으로써 살아남기 위해 극단적인 처세술을 한다. 이 덕분인지는 몰라도 그는 다시 711년 사괵왕으로 복직하였고, 이 무렵 부여태비와 혼인을 한 것이다. 부여태비가 이옹과 혼인을 한 것도 이처럼 측천무후를 모델로 한 위황후의 피비린내 나는 당 황실의 골육상쟁과 관련이 있다니 백제 멸망의 순간처럼 파란만장한 삶을 살았음을 알 수 있다.

이옹 역시 그의 전력과 처신에 비추어보면 무엇보다 조신하면서 내조한 아내를 원했을 것으로 추정된다. 물론 황족의 신분에 걸맞는 집안이면 좋겠지만 바람은 쉽지 않았으리라 짐작된다. 부여태비의 경우 몰락한 왕족의 가문이면서 이러한 조건을 만족시켜줄 수 있는 적임자였기 때문에 둘 사이의 혼인이 급진전을 보이며 성사되었던 것이다. 이처럼 의자왕의 후손은 당 황실과 인척이 되면서 존재감을 알렸다.

부여태비의 후손으로는 이옹과의 사이에서 난 한주자사(漢州刺史)를 역임한 승질(承晊), 그리고 공부시랑을 지낸 망지(望之), 증손자인 이제(李濟)로 이어진 계보가 확인된다. 이제는 금오위 창조참군사와 감찰어사를 지냈다. 또 누이도 확인되는데, 성덕군(成德軍) 절도사인 왕무준과 혼인을 하여 황실의 인맥을 잇는다. 이제는 그 덕으로 성덕군 절도순관 및 판관을 지냈고, 성덕군이 당나라에 귀속될 때 그 공으로 종정소경(宗正少卿)을 제수받았다. 하지만 더 이상 의자왕 후손의 흔적은 보이지 않는다. 아마도 시간이 지나며, 백제의 존재가 잊혀 지듯이 백제 왕족의 존재감도 점점 사라진 것은 자연의 순리였으리라

백제 무장의 저력을 보여주다-흑치상지 일가

흑치상지는 백제인의 기개를 드러낸 무장으로서 널리 알려져 있다. 그의 일생은 『구당서』와 『신당서』 및 『삼국사기』에 열전이 있고, 그의 묘지명 또한 발견되어 어느 정도 복원할 수 있다. 더욱이 그의 아들인 흑치준의 묘지명도 발견되어 백제 멸망 후 부자의 활동상을 확인할 수 있는 좋은 자료이다. 흑치상지 일가의 생을 통해서 백제 유민의 성공과 좌절, 그리고 아픔을 공감할 수 있을 것으로 기대된다.

백제 부흥운동의 시작과 끝, 흑치상지의 고뇌

흑치상지는 630년에 태어나 백제 멸망 당시 풍달군장(風達郡將)을 지냈다. 부여씨의 분파이고, 가문 대대로 달솔을 지낸 것을 보면 고위 가문이었음은 분명하다. 그는 처음 의자왕과 함께 항복하였으나 당이 의자왕을 가두고 모욕을 줄뿐만 아니라 노략질을 자행하자 생각을 바꾸어 부흥운동에 투신하였다. 그가 거병한 곳은 임존성으로 천혜의 요지였다. 험준하여 방어하기가 쉽고, 무한천 일대를 장악함으로써 아산만과 사비 지역으로 통하는 교통의 요지를 확보한 것이다. 임존성에는 복신과 도침 등 부흥운동의 주역들이 속속들이 이 대열에 참여하였다. 한때 200여성이 합류하였다니 백제 부흥군의 사기는 백제를 너머 중국까지 요동치었다. 당 고종이 상황이 여의치 않으면 철수해도 좋다는 밀지를 내릴 정도였으니 가히 짐작할 만하다.

주류성을 중심으로 백제 부흥군은 복신과 도침의 쌍두마차에 풍왕을 옹립하여 명실상부한 국가체제를 다시 갖추었다. 그러나 하늘은 야속하게도 백제를 버렸다. 복신이 도침을 죽이고, 또 복신을 풍왕이 죽이는 권력상쟁이 일어난 것이다. 모두가 한 마음으로 백제 부흥을 위해 노력했고, 그 결실이 맺어질 무렵 지도자의 분열은 유민들에게 큰 충격을 주었다. 흑치상지 또한 예외는 아니었다. 당의 회유에도 불구하고 그가 부흥운동에 참여한 것은 백제 유민들을 위한 충정이었지, 개인의 영달을 위한 것은 아니었다. 흑치상지는 유민들을 아랑곳하지 않은 지도자의 분열을 보면서 누구를 위한 전쟁이었고, 진정으로 유민들에게 필요한 것은 무엇일까 하는 회의감에 빠져들었다.

　이때를 놓치지 않고 당군은 백제 부흥군에 대한 대대적인 공세를 취하였다. 뿐만 아니라 회의에 빠진 부흥운동세력들에게 대대적으로 회유를 시도하였다. 흑치상지도 이 와중에 당에 투항을 한 것으로 보인다. 명망과 신망이 두터운 흑치상지의 투항은 백제 부흥군의 전력을 급격히 약화시켰다. 도침이 제거될 때 도침을 따르는 세력이, 복신이 제거될 때 복신을 따르는 세력만 이탈하는 것이 아니라 점점 가속화되면서 전열이 흐트러져 걷잡을 수 없는 상황으로 이어진 것이다. 이제 백제부흥군은 마지막 거점인 임존성에서 최후의 저항을 시도하였다. 난공불락의 임존성을 함락시킨 장수는 다름 아닌 흑치상지였다. 그가 처음 거병한 곳이기 때문에 지리를 잘 알았고, 심리적인 면에서도 효과적이었기 때문으로 보인다. 무엇보다도 뛰어난 전술과 몸을 사리지 않는 무장으로서의 능력이 발휘되었다고 생각된다. 흑치상지는 공교롭게도 백제 부흥운동의 시작과 끝은 같이한 인물이었던 것이다. 이러한 그의 능력은 백제 멸망 후 당에서 다시 한 번 발휘할 수 있는 기회를 얻게 된다.

이역만리 서역 땅에 백제인의 기상을 보여주다

　흑치상지는 백제 유민들에게 신망이 두터웠기 때문에 당은 처음 그를 백제 고지(故地)에서 활용하였다. 그가 웅진도독부에서 절충도위라는 직을 맡은 것도 유민들을 위무하기 위한 목적임이 분명하다. 그러나 나당전쟁이 발발하고 웅진도독부가 축출되자 흑치상지 또한 당으로 건너갔다. 이후 그의 진가는 발휘되었다. 당시는 측천무후가 집권한 시기로 토번과 돌궐 등과 서역에서 전선이 형성되었으며, 이민족 장수를 등용하여 이를 돌파하고자 하였다. 흑치상지는 백제와는 수 천리 떨어진 서역 땅에 당의 필요에 의해 배치된 무장이었지만 시기적으로 이민족에 대한 차별이 덜하였고, 능력을 우선하는 정책에 의해 두각을 나타내면서 25년간 백제인의 명성을 떨친 것이다.

먼저, 토번은 607년 통일된 이후 강성해져 돌궐과 함께 당을 위협하였다. 흑치상지의 진가가 발휘가 된 것은 678년 9월 토번이 당의 변경을 침범했을 때였다. 흑치상지는 하원도경략대사(河源道經略大使) 이경현과 공부상서 유심례를 따라 토번과의 전쟁에 출전하였다. 이경현이 거느린 군대는 무려 18만이나 되었으나 토번의 용맹함에 위축되었다. 전투가 벌어지고 유심례가 선봉에 섰으나 청해 부근에서 토번에 대패하여 포로가 되었다. 이경현 또한 겁을 먹고 방어에 급급하는 그야말로 위기 상황에 치달았다. 이때 흑치상지는 결사대 500명을 거느리고 토번 진영을 야습하여 유리한 고지를 점령하고 있는 토번군을 퇴각하게 만듦으로써 전세를 역전시킨 것이다. 이 공로로 당 고종은 그를 좌무위장군과 검교좌우림군으로 제수해주고 하원군 부사에 임명하였다. 일약 토번을 막는 최전방 부대의 부사령관이 된 것이다.

토번의 찬파 등은 다시 680년 7월 3만의 군대를 이끌고 하원을 공략하고자 하였다. 이때도 흑치상지는 정예기병 3,000명을 거느리고 적의 군영을 야습하여 대승을 거두었다. 이 공로로 흑치상지는 드디어 하원군경략대사로 임명되어 토번을 방어하는 책임자가 되었다. 그는 주변에 봉수 70여 곳을 설치하여 경계를 강화하고, 둔전 5,000여 경을 개간하여 군사들이 먹고 살 수 있는 기반을 마련하는 등 국방력을 튼튼히 하였다. 이에 681년 다시 흑치상지는 정예기병 10,000명을 이끌고 양비천 일대에 주둔한 토번군을 급습하여 그 예봉을 꺾어버렸다. 이로써 흑치상지가 하원군을 맡고부터는 토번이 감히 국경을 침범하지 못하였다. 이 공로로 684년 좌무위대장군과 검교우림군을 제수받아 그 위명을 높였다.

연국공의 제수와 무고로 생을 마감한 이민족 장수의 비애

토번이 안정되자 동돌궐이 변경에서 당을 위협하였다. 696년 돌궐이 당의 북변을 침범하자 측천무후는 흑치상지에게 이를 저지하라고 하였다. 이에 흑치상지가 출병하여 돌궐을 격파한 공으로 연국공(燕國公)과 식읍 3천호에 봉해졌다. 드디어 이민족 무장으로서는 최고의 영예인 공의 반열에 오른 것이다. 697년 2월에는 돌궐의 쿠틀룩과 톤유쿡이 유주의 창평을 침략하자 이를 저지하라는 명을 내렸고, 7월에는 삭주를 돌궐이 다시 침략하자 흑치상지를 연연도대총관(燕然道大摠管)에 임명하여 출전하게 하였다. 흑치상지는 황화퇴(黃花堆)에서 돌궐을 대파하고 여세를 몰아 40여리를 추격하여 고비사막 이북으로 몰아내었다.

이처럼 흑치상지는 당의 최대 고민거리인 서북방 변경에서 토번과 돌궐을 연파하여 국경을 안정시킴으로써 백제인의 기개를 드러냈고, 이의 위명에 눌린 이민족들이 소요를 일으키지 못하였다. 이는 측천무후가 이민족 장수들을 차별하지 않고 능력을 높이 산 시대적 분위기와 맞았고, 상지 또한 고국의 뼈아픈 현실을 목도하면서 혼자만의 성취를 할 수 밖에 없었던 현실감이 상호 작용했으리라 생각된다.

하지만 뛰어난 자질을 가진 자는 하늘이 시샘한다고 하였던가. 흑치상지가 계속해서 전공을 세우자 이를 못마땅하게 생각하는 부류들이 생겨났다. 측천무후는 684년 서경업의 반란을 진압한 후 주 나라로 나라 이름을 바꾸었는데, 살펴본 것처럼 외치(外治)에서는 유능한 이민족 장수들을 등용하여 성공하였다. 그러나 내정에서는 반발하는 무리들을 통제하기 위해 혹리들을 기용하여 공포정치를 행하였다. 정권을 유지하기 위한 수단이었지만 실제로는 무고로 인해 억울한 죽음을 당하는 이들이 생겨날 수밖에 없는 구조였다. 상지의 출세를 시기한 좌감문위중낭장 찬보벽이 697년 10월 돌궐을 끝까지 추격하겠다고 상소를 올리자 측천무후가 조서를 내려 상지 또한 외곽에서 이를 돕게 하였다. 그런데 공을 탐한 찬보벽이 무리하게 단독으로 적진 깊숙이 나아가 대패하여 전군을 잃고 말았다. 상지 또한 책임을 면할 수 없어 무공죄(無功罪)로 걸려 들었다. 이후 상지는 689년 9월 주흥 등의 무고로 감옥에 투옥되었다. 우응양장군 조회절과 모반을 꾀했다는 것이다. 주흥은 당대 가혹한 혹리로 유명하였고, 그의 마수에 살아남은 이가 없을 정도였다. 백제인으로 멀리 서역에서 공을 세웠건만 누구 하나 그를 위해 변호해 줄 이가 없는 냉혹한 현실에 느꼈을 비애감은 시공간을 너머 우리에게 전달된다. 결국 억울함과 고통을 견디지 못한 흑치상지는 결백을 주장하며 스스로 자결을 택하였다. 무장의 명예를 중시한 것이다. 그의 억울한 죽음은 9년 후 자식인 흑치준의 노력으로 밝혀졌다. 이에 측천무후는 조서를 내려 흑치상지에게 좌옥검위대장군을 추증하고 훈과 봉작을 회복시켜 주었다. 그나마 다행이지만 이미 그는 한 줌의 재로 화하여 고향인 백제로 날아갔을 것이다. 그럼에도 그가 이역만리 중국 땅에 남긴 자취와 족적은 백제의 후예로서 자랑할 만하다 하겠다.

굵고 짧게 백제의 무장 가문을 잇다-흑치 준

흑치준은 아버지 흑치상지가 676년 무렵 47세에 낳은 늦둥이 아들이다. 상지가 한창 무장으로 활약하던 때라서 그는 아버지의 기개를 그대로 본받았으리라 짐작된다. 그는 묘지명에 의하면 20살의 나이에 별주(別奏)로서 양왕(梁王)을 따라 종군하였다 한다. 별주가 고위 군장의 비서와 같은 역할을 한 것을 보면 재능이 뛰어나서 발탁되었음을 알 수 있다. 그는 이 공으로 유격장군과 우표도위좌랑장을 연이어 맡게 되며 정5품상의 무관직 반열에 오르게 된다. 이어 정4품하에 해당하는 우금오위중랑장을 역임하였다. 이처럼 젊은 나이에 무장으로서 출세 가도를 달리던 흑치준은 아쉽게도 706년 31세의 나이로 요절하였다. 참으로 안타깝지만 흑치 부자가 당나라에서 무장 가문으로 발돋움할 시기에 운명을 달리한 것이다. 그가 젊은 나이에 출세를 하였던 것은 아버지의 무고를 밝혀내 보상을 받은 측면도 있었겠지만 백제의 무장 가문으로서 능력을 중시한 당 조정에 의해 중용되었다고 보는 것이 온당하다.

백제 유민의 중국화를 보여주는 3대의 흔적- 예식진 일가

중국 낙양과 서안에서 3대에 걸쳐 백제 유민의 흔적을 추적할 수 있는 묘지명이 발견되었다. 예식진-예인수-예소사가 바로 장본인이다. 게다가 예식진의 형으로 보이는 예군의 묘지명까지 찾을 수 있었으니 백제 유민의 자취를 알 수 없었던 우리로서는 매우 다행이다 하겠다. 더욱이 이들은 『구당서』와 『신당서』 그리고 『일본서기』 등에서 행적을 찾을 수 있는 매우 비중있는 인물이었다. 나아가 중국에서 백제로 이주해 온 귀화인이었고, 후에 다시 3대에 걸쳐 중국에 동화되어 가는 모습을 보여주어 백제와 중국과의 교류를 살펴볼 수 있는 매우 귀중한 사례가 되고 있다. 이제 왜 이들의 족적이 중요하였는가를 알 수 있을 것이다.

예식진 일가의 백제 이주와 웅진 천도

예식진 일가의 조상은 묘지명마다 이주 시기가 차이가 난다. 이러한 차이는 구전과 이를 받아들인 사람들의 인식에 따라 달라진 것으로 보인다. 다만 이주는 아무 때나 하는 것이 아니라 살고 있는 지역을 떠날 필요가 있는 상황, 다시 말하면 예씨 일가의 거주지가 중국의 혼란기여야 된다는 점이다. 다음으로 백제가 이들을 받아들일 만한 여건이 되어야 한다. 이들을 필요로 해야 된다는 말이다. 따라서 이를 종합해보면 북위와 유송이 건국하면서 서로 팽창하던 5세기 초·중반이 중국의 혼란기로 보여진다. 마찬가지로 백제 또한 광개토왕의 남정으로 후방인 금강 유역을 공고히 할 필요가 있었고, 왜와 군사적 협력을 강화해 나가던 시기이기도 하다. 이처럼 예식진의 조상은 5세기 초·중반 근거지인 초국 낭야 지역[현재의 산동성 일대]을 떠나 금강 중류인 웅천 지역에 정착되게 되었다. 이들이 금강 유역에 자리잡게 된 배경은 고구려가 북방 유이민들을 평양 지역에 이주시킨 것과 유사하다. 즉 고구려는 평양에 있는 낙랑군을 축출하면서 북방계 이주민들을 활용하여 이들 지역을 통제하고 개발하였다. 안악3호분의 주인공인 동수, 그리고 유주자사 진이 바로 해당된다. 이들을 통해 평양을 경영하였고, 고구려는 드디어 427년 평양으로 천도하였다. 마찬가지로 백제 또한 예씨 등 중국계 유이민들을 변방인 금강 유역으로 이주시켜 이곳을 5세기 무렵부터 개발하기 시작했던 것으로 보인다. 후방인 금강 유역을 고구려에 대항하기 위한 기반으로 삼기 위한 시도였지만 결국 백제의 수도인 한성이 함락되면서 웅진이 공교롭게도 평양처럼 수도가 된 것이다. 이러한 점에서 본다면 예식진의 선조는 단순한 이주민이 아니라 웅진 지역에 기반을 가질 수 있는 기회였던 것이다.

예식진, 백제를 멸망시킨 장본인인가?

예식진 일가는 할아버지 때부터 두각을 나타내는데, 바로 이 시기는 수·당이 중국을 통일하면서 대중국 외교가 중시되던 시기였다. 따라서 이들은 무왕 때부터 사신의 실무 등 외교 업무로 두각을 나타냈던 것으로 보인다. 또한 예식진이 웅진방령, 예군이 웅진도독부 사마라는 직책을 가진 것으로 보면 군사적으로 두각을 나타냈을 가능성도 있다. 북연에서 이주한 풍야부가 군사와 외교에서 활동한 것과 같은 맥락으로 이해된다. 이들은 좌평의 관등을 가질 만큼 점차 고위직에서 활약하였다. 그것은 군사와 외교업무뿐만 아니라 이들의 세력근거지가 웅진과 사비 지역이었기 때문과도 관련이 있을 듯하다.

분명한 사실은 예식진이 백제 멸망 당시에 수도의 방어를 책임지고 있는 북방인 웅진방령이었다는 점이다. 나당연합군이 사비성을 포위하자 의자왕은 요새인 웅진으로 피신하여 결사 항전 태세를 갖추었다. 그러나 어찌된 일인지 의자왕은 불과 며칠 만에 항복을 하여 의문이 생긴다. 더욱이 중국 사서인 『구당서』에는 '예식(진)이 의자왕을 데리고 항복하였다'라는 기록이 전하여 예사롭지 않다. 이에 학계에서는 웅진방령인 예식진이 피난 온 의자왕을 겁박하여 항복을 할 수밖에 없는 상황으로 이해하기도 한다. 하지만 예식진이 전적으로 백제 항복을 주도하였다고 보기에는 무리한 측면도 있다. 먼저, 의자왕의 결정이 무시되었다는 점이다. 다음으로 예식진의 무용담이 과장되게 당에 알려졌을 가능성도 있다. 실제 사비도성에서는 부여 태가 국왕에 즉위하는 돌발 상황이 발생하게 된다. 이에 태자의 아들 문사가 성문을 열고 당에 항복을 하게 된다. 이처럼 사비도성 내의 내분은 의자왕의 결정에 큰 영향을 끼쳤으리라 짐작된다. 이러한 틈을 타서 예식진이 당과의 전쟁에서 오래 버틸 수 없으며, 차라리 항복을 하는 것이 백제를 보존할 수 있다고 설득하였을 가능성이 크다. 항복 과정에 예식진의 이름이 등장한 것을 보면 그의 역할이 있었음은 분명하다. 그렇지만 여러 정황이 불리하게 돌아갔기 때문에 의자왕이 항복을 결심한 것이지, 예식진에게 잡혀 항복을 했다고 보는 것은 백제 멸망을 너무 비참하게 만든 시각이다. 물론 사료에 보이는 예식진의 역할은 그의 행동에 대한 과장된 설명이며, 이 때문에 그의 후손들은 당에 의해 중요되었을 것이 분명하다. 실제와 인식을 구별해야 하는 것이다.

예식진 일가의 당에서의 활동과 동화

예식진은 묘지명에 의하면 백제 웅천인으로 출신지가 기록되었다. 웅진방령의 역할을 수행한 것도 그의 출신지와 일치하기 때문에 세력을 기반으로 등용되었음을 알 수 있다. 그는 672년 58세에 사망하였으니 무왕 때인 614년 무렵 태어났던 것임을 알 수 있다. 그가 맡은 관직은 정3품인 좌위위대장군(左威衛大將軍)으로 매우 높은 관직이다. 이 때문에 그가 백제 항복에 모종의 역할을 하였고, 그 공로로 중용되었다고 보는 것이 합리적이다. 백제 멸망 직후 황궁 경호 임무를 맡을 정도로 신임을 얻었고, 웅진도독부에서 동명주자사를 지내는 등 백제 유민들을 위무하는 역할을 하였다. 이러한 공로를 인정받아 정3품의 고위 관직까지 오른 것으로 보인다. 특기할 점은 예식진이 백제인이라고 스스로 자처할 만큼 백제인으로서의 정체성을 가졌다고 할 것이다.

예군 또한 웅진 우이인으로 출신지가 기록되었다. 우이는 사비의 행정구역 이름이기 때문에 그는 사비 지역에서 활동하였음을 알 수 있다. 그런

시안박물원에 전시된 예군묘지명

데 예군은 예식진과 조상이 같기 때문에 형제 사이임이 드러난다. 그리고 678년 66세의 나이로 사망하였기 때문에 612년 태어났고, 따라서 예식진의 형임을 알 수 있다. 예군의 묘지명에서도 그가 당에 귀의하였음을 알려주고 있으며, 백제 멸망 후에 웅진도독부에서 최고위직인 사마로 활약하여 백제 유민들을 위무하였다. 그가 받은 최고의 관직은 종3품인 우위대장군(右威衛將軍)으로 동생인 예식진에 비해 다소 미약하지만 고위 관리로 활약하였음을 알 수 있다.

그런데 아들인 예소사 단계에 이르면 출자 등에서 확연하게 차이가 난다. 출신이 초국 낭야인으로 나오며, 7대조 때 웅천인이 되었다고 하여 원 출신지를 중국으로 하고 있는 것이다. 그는 아버지의 후광을 배경으로 유격장군직을 받아 오랫동안 황궁 경호에 종사했고, 무관으로 활약하다가 705년 종3품인 좌무위장군으로 임명되어 최고의 관직에 올랐다. 예소사 역시 예군과 비슷한 관직을 얻는 등 당 조정에서 무관 고위직으로 활약하였음을 알 수 있다. 예소사는 708년 사망하였고, 예인수 등 5명의 아들을 두었다.

손자인 예인수는 동한(東漢) 평원 처사의 후손으로, 중국계임을 구체화하고 있는 것이다. 또한 수나라 말기 증조부 예선이 래주자사를 맡고 있을 때에 백제로 갔다고 하여 백제인이었음을 의도적으로 매우 짧게 언급하고 있는 것이다. 이는 측천무후 때와는 달리 이민족 장수들을 우대했던 시대적 분위기가 달라졌던 것과 관련이 있을 듯하다. 또한 백제인이라는 정체성이 약해지고 현실적으로 중국인으로 사는 것이 훨씬 유용하였기 때문이라 짐작된다. 예인수 역시 할아버지와 아버지의 후광을 배경으로 처음 종4품하에 해당하는 명위장군에서 출발하여 무인 가문으로서 확실하게 자리를 잡아갔던 것으로 보인다. 그러나 아쉽게도 구체적인 사항을 알 수 없지만 지방 절충부의 과의도위로 좌천되었고, 이후 지방을 전전하다가 끝내 회복을 하지 못한 채 727년 53세의 나이로 사망하였다. 예인수와 부인의 합장은 그의 아들인 예적에 의해 이루어져, 미미하지만 4대에 걸친 행적을 찾을 수 있다. 다만 예적의 관직이 나오지 않은 것을 보면 손자인 예인수 단계에서 백제인으로서 후광이 소멸되고, 중국인으로 동화되어 갔음을 보여준다 하겠다. 이처럼 예식진 일가를 통해서 우리는 백제 유민들이 어떻게 중국에 동화되어 갔는가를 어렴풋이 알 수 있는 것이다.

소소하게 볼 수 있는 백제 유민의 단편들

백제 유민들은 중국에 이주하여 갖은 고초를 겪으면서 세월의 성쇠를 이겨냈으리라 짐작된다. 이들이 중국에서 자리잡기에는 당시 관심사인 이민족들과의 전쟁에서 활약하는 것이 가장 현실적이었고 확실하였다. 따라서 왕족을 제외한 행적이 알려져 있는 백제 유민의 상당수는 무장으로 활약하였고, 또 이들은 같은 처지에 있는 사람들과 인맥을 형성하였다고 보인다. 그러면 단편적인 편린들을 통해서 이들의 삶을 어렴풋이나마 복원해 보기로 하자.

끈끈한 혼맥으로 뭉쳐진 백제인 무장 가계

흑치준은 젊은 나이에 요절하였지만 흑치상지의 둘째 딸의 행적도 살필 수 있다. 청대 금석학자가 펴낸 『금석췌편』에 수록된 「□부장군공덕기」에 의하면 순 장군이 흑치상지의 둘째 딸과 부부라는 사실이 기록되었다. 순장군이 동해 출신인 것을 보면 백제인일 가능성도 있으나 일본의 성에 물부씨가 있으므로 물부씨일 가능성이 높다고 보인다. 물부씨는 일본 고대의 군사씨족으로, 이들이 중국에서 활동한 것은 최소한 백제에서 활동하였기 때문에 백제 멸망 당시에 당으로 이주하였다고 보는 것이 온당하다. 순장군 또한 종3품 무관직인 우금오위장군과 준화군개국공의 작을 받아 흑치상지에 거의 준하는 고위직에 올랐음을 보여준다. 따라서 물부씨와 흑치씨는 군사 씨족으로서 혼인을 맺어 서로 관계를 돈독히 하였음을 알 수 있다.

나아가 최근 일부를 판독하여 물부순과 흑치부인의 손녀 사위를 예의로 보는 연구성과가 제시되었다. 판독에 의하면 '예'씨 인 것은 분명하기 때문에 나이를 계산해보면 대략 예인수의 사촌일 가능성이 크다고 보인다. 이에 우리는 다시 예씨와 물부씨가 혼인을 통해 서로 무벌을 형성하고 있음을 알 수 있다. 흑치씨와 물부씨, 그리고 예씨는 이역만리 당나라에서 서로의 처지를 공감하면서 더불어 인맥을 형성함으로써 서로 도우면서 무장가계의 인맥을 이으려는 노력을 하였음을 보여준다.

무장으로 활약하고 정변으로 몰락하다, 사타충의

사타충의는 백제 멸망기에 최고의 귀족이었던 사씨 일족으로 당에서 무장으로 활약한 모습이 보인다. 그의 행적이 처음 보이는 것은 694년 돌궐이 당을 침공하였을 때이다. 사타충의는 이때 출전한 18장군의 하나였으며, 묵철이 퇴각함으로써 전공은 없었다. 이후 영주의 거란족이 반란을 일으켜 소요가 계속되자 697년 5월 사타충의는 청변도전군총관에 임명되어 출전하여 거란의 손만영을 격파하였다. 698년 8월에는 묵철이 침공해오자

우무위대장군 천병서도총관 직책으로 출전하였다. 9월에는 다시 하북도전군총관으로 임명되어 묵철의 공세를 저지하고자 하였다. 그 후 영주의 영무군대총관에 임명되어 꾸준하게 무장으로서 활약을 하나 706년 돌궐의 공세를 막지 못하고 패함으로써 면직되었다. 사타충의는 707년 궁정에서 황태자인 이중준이 정변을 일으켰을 때 가담하였지만 실패하여 참살되었다. 이와 같이 사타충의 역시 무장으로 활약하여 무장이 백제인의 주요한 출세 기반이 되고 있음을 알 수 있다.

백제 유민의 등용과 출세의 전형을 보여주는 난원경 가문

난원경은 그 묘지명이 중국 허난성에서 발견되어 행적을 확인할 수 있다. 이에 의하면 그는 663년 출생하여 723년 61세로 사망하였다. 흥미로운 사실은 출생 시기가 백제 멸망 후이므로 당에서 출생하였을 가능성이 높은 유민 2세대인 것이다. 그러나 그의 고조는 백제에서 달솔을 역임하였고, 할아버지 한은 당나라로 건너가 웅진주도독부 장사가 되었다. 이를 볼 때 그의 집안은 당에 일찍 투항하여 등용되었고, 백제 유민들을 위무하는 역할을 하였던 것으로 보인다. 아버지 무 역시 중대부 사지절 지심주제군사 수지심주자사를 지내 지심주인 홍성을 난씨의 세력근거지로 보기도 하나 추정에 불과하고 할아버지처럼 홍성 지역에서 백제 유민들을 위무하는 역할을 맡았던 것은 분명하다 하겠다. 난무는 충무장군 행우위익부 중랑장으로 관직을 옮겼다. 난원경은 아버지의 후광으로 유격장군 행단주백단부 우과의에 임명되었고, 이후 난원경은 중서성 내공봉을 거쳐 삭방군총관에 임명되어 '구성(九姓)'을 토벌하는 공을 세우기도 하였다. 또한 강융과 하서를 토벌하는 큰 공을 세워 종4품 상에 해당하는 선위장군을 제수받고 분주 청승부 절충도위가 되기도 하였다. 이처럼 난원경 역시 앞선 백제 유민들처럼 무장으로써 출세하였고, 당의 백제 멸망과 지배에 공을 세워 등용의 기회를 얻었던 것임이 확인된다.

백제 통치조직의 궁금증을 해소시켜 주는 단비같은 기록을 남긴, 진법자 가문

진법자는 615년(혹은 614) 출생하여 690년 사망하였으며, 중국 낙양에 거주하였던 것으로 추정된다. 여느 묘지명처럼 그 역시 조상에 대해 기술하였다. 이에 의하면 진법자의 증조부인 진춘은 은솔로 태학정(太學正)을 지냈다 한다. 태학이란 다름 아닌 유교교육기관으로 고구려에서는 소수림왕 2년(372) 설치되었다. 당연히 백제도 설치되었을 것으로 추정은 되었지만 그 존재가 진법자 묘지명을 통해서 확인되었다. 이 한 줄도 안 되는 기록이 백제 중앙과 지방의 통치조직을 살피는데, 매우 중요한 단서를 제공한 것이다. 진춘은 태학의 정이라는 직책을 가졌는데, 아마도 책임자였던 것으로 보인다. 조부인 덕지는 달솔의 관등을 받았으며, 마련대군장(麻連大郡將)을 역임하였다. 마련은 광양 일대로 비정되며, 군장은 방군성제에서 군 단위의 책임자이다. 그런데 군장은 덕솔이 가능한 관등인데, 달솔이라는 매우 높은 관등을 가졌으며 그의 직을 대군장이라 칭하는 것도 이와 관련이 있는 듯하다. 군마다 대소의 구분이 있을 가능성도 있는 것이다. 따라서 마련대군장은 백제 지방통치제도를 구명하는데, 매우 중요한 단서를 제공할 것으로 기대된다. 아버지는 미지로 덕솔의 관등을 가졌으며, 마도군 참사군(馬徒郡參司軍)을 지냈다. 마도군 역시 백제의 군이지만 참사라는 직책은 흥미롭다. 군에는 군장과 군좌가 확인되지만 참사는 처음 보이는 직책이다. 이는 참군과 사마라는 중국 막부 조직의 영향으로 보이며, 군사 부분을 담당한 것으로 보인다는 점에서 추후 군 조직의 실체를 밝히는데 도움을 줄 것으로 기대된다.

진법자는 백제에서 기모군좌관(旣母郡佐官)을 거쳐 품달군장(禀達郡將)과 사군(司軍)의 직책을 차례로 역임하였고, 은솔의 관등을 가졌다. 역시 군의 좌관이라는 관직이 주목되며, 품달군장은 풍달군장을 지낸 흑치상지와 대비된다. 백제가 멸망한 후에는 661년 종품 하인 유격장군·우효위정교부 우과의도위에 제수되었다. 이를 고려하면 진법자 역시 백제 멸망 당시에 당에 투항하거나 협조하였고, 그 공로로 당에서 무관직으로 등용되었다고 보인다. 다만 예씨 일가나 흑치상지 혹은 사타충의처럼 핵심적인 역할을 하지 않았던 것으로 추정된다. 실제 진법자는 영원장군과 정원장군 등 정5품에 해당하는 무산계를 받다 최종적으로 684년 종4품하인 명위장군으로 승진하였던 사실에서 알 수 있다. 이러한 이유로는 그가 대체로 중앙이나 지방의 무관직을 전전하여 토번이나 돌궐과의 전쟁에서처럼 공을 세워 승진할 기회가 없었던 것과도 관련이 있는 듯하다. 다만 그의 묘지명을 작성한 아들 진용영이 691년 사망 당시 정6품상인 신산부 과의도위 직책을 가진 것으로 보면 그의 가계는 꾸준히 무관계를 계승하였다는 점에서 다행이라 여겨진다.

나오며

이제까지 우리는 편린이나마 조각을 맞추어 중국 내 백제 유민의 삶을 그려보고자 하였다. 그 결과 당의 백제고지 지배 정책에 협조한 이들은 당의 필요에 의해 비교적 고위직을 받아 백제 유민들을 위무하는 역할을 하였음을 알 수 있었다. 또한 이들이 생존하기 위해 가장 좋은 방안은 무인으로서 역량을 발휘하는 것이었다. 측천무후 집권기에 이민족 장수들을 차별하지 않고 능력을 중시했던 시대적 분위기와도 일치되었다. 그러나 점차 이들은 세월이 흐를수록 당나라 내에서는 극소수 민족에 불과하였다. 따라서 이들 역시 생존권 차원에서 다시 이들의 가계를 중국에서 기원을 찾는 방식을 취했던 것으로 보인다. 앞서 살펴본 진법자 역시 그의 조상이 후한 (後漢) 말기에 한반도로 이주한 중국계 백제인의 후손이라고 되어 있어 예식진 일가와 비슷한 양상이다. 다만 진법자 묘지명은 예식진 가계처럼 3대에 동화 과정을 알 수 없어 구체적이지 못하다. 이러한 점을 보면 점차 자의반 타의반으로 이들이 백제인으로서 정체성을 잃어버리는 것은 세월의 무게만큼 당연한 결과일지도 모른다. 그럼에도 불구하고 이들이 남긴 발자취와 몸부림은 다시 한 번 백제의 혼을 일깨워주었다고 해도 지나치지 않을 것이다.